中国闽台缘博物馆馆藏宗教造像精品

中国闽台缘博物馆 编

海峡出版发行集团 | 福建教育出版社

图书在版编目（CIP）数据

中国闽台缘博物馆馆藏宗教造像精品/中国闽台缘博物馆编. —福州：福建教育出版社，2023.12
　　ISBN 978-7-5334-9902-0

Ⅰ.①中… Ⅱ.①中… Ⅲ.①造像－中国－图集 Ⅳ.①K879.32

中国国家版本馆CIP数据核字（2023）第257085号

责任编辑：黄哲斌
美术编辑：季凯闻
装帧设计：陈　扬　林梓东

Zhongguo Min-Tai Yuan Bowuguan Guancang Zongjiao Zaoxiang Jingpin
中国闽台缘博物馆馆藏宗教造像精品
中国闽台缘博物馆　编

出版发行	福建教育出版社
	（福州市梦山路27号　邮编：350025　网址：www.fep.com.cn）
	编辑部电话：0591-83716932
	发行部电话：0591-83721876　87115073　010-62024258）
出 版 人	江金辉
印　　刷	福州印团网印刷有限公司
	（福州市仓山区建新镇十字亭路4号）
开　　本	890毫米×1240毫米　1/16
印　　张	19.5
字　　数	178千字
插　　页	2
版　　次	2023年12月第1版　2023年12月第1次印刷
书　　号	ISBN 978-7-5334-9902-0
定　　价	180.00元（精装）

如发现本书印装质量问题，请向本社出版科（电话：0591-83726019）调换。

编辑委员会

主　　编： 陈伟平

副 主 编： 王舜志

编 辑 组： 庄清海　李照斌　黄晖菲
　　　　　　李云煌　肖月萍　林聪荣

实物摄影： 黄善哲

前言

海纳百川，有容乃大。发达的航运、优良的港口及精湛的航海技术养育了靠海为生的人民，他们继承了开放、多元、和谐的优秀文化传统，也将海洋文化深深地植入于八闽大地，造就了独特的宗教文化，形成闽台佛教、道教、民间信仰等多种宗教和谐共存的局面。明清时期，福建先民把宗教信仰带到了台湾地区，留下了包括建筑、绘画、音乐、造像等宝贵的宗教文化遗产，不仅反映着各种宗教的历史和文化传承，同时也承载着时人对于生命、信仰及美好生活的追求。

文物是发展的见证，今人通过文物得以窥见历史的厚重。中国闽台缘博物馆自建馆以来，围绕博物馆性质及自身馆藏状况，搜集收藏各类文物精品，逐步形成包括闽台宗教造像、闽台木偶艺术、两岸谱牒家书、闽台契约文书、闽台龟粿印模、闽台传统工艺美术等多种文物类型在内的具有区域特色又契合本馆功能定位的馆藏体系。

为了更好地展示海峡两岸佛教同宗、道教同源、信仰同俗、宗教仪轨一脉相承的历史渊源关系，中国闽台缘博物馆重点搜集反映海峡两岸民间民众"诸神同祀"的文物藏品，并鼓励馆员积极开展相关学术研究。目前，本馆馆藏宗教造像共计766件／套（769件），各种质地塑像统计如下：瓷513件／套（513件）、木205件／套（208件）、泥18件／套（18件）、石8件／套（8件）、铁1件／套（1件）、铜21件／套（21件）。此次编辑本书，遴选本馆历年来馆藏宗教造像138件，其中佛教造像29件，道教造像23件，闽台民间信仰造像86件以及相关学术论文3篇辑录而成。这些宗教造像，形制上涵括了闽南宗教造像的基本特征，即开脸圆润细腻、面额饱满，神态端庄安详，装饰线条简洁明快，衣褶纹理柔软飘逸，其中所反映出的造像技艺和宗教信仰习俗，是构成闽南文化的重要组成元素。期望读者在欣赏不同宗教造像艺术的同时，也可以看到其背后所蕴含着的开放、多元、和谐的文化传统以及当时人们对于美好生活的向往与追求。

中国闽台缘博物馆馆长 陈伟平

目 录

学术论文 /001

第一辑　佛教 /017

释迦牟尼佛

明·泥塑释迦牟尼佛坐像 /018

清·铜释迦牟尼佛坐像 /020

清·髹金木雕释迦牟尼太子立像 /022

明·彩绘泥塑阿难立像 /024

明·彩绘木雕迦叶立像 /026

弥勒佛

民国·德化窑素胎弥勒坐像 /028

民国·德化窑"苏蕴玉制"素胎坐岩弥勒像 /030

观　音

明·铜观音坐像 /032

明·铜观音坐像 /034

清·铜观音坐像 /036

清·铜观音立像 /038

清·铜观音坐像 /040

清·白瓷观音坐像 /042

清·德化窑"博及渔人"款粉彩瓷观音坐像 /044

清·木雕观音坐像 /046

清·髹金木雕持经观音像 /048

清·泥塑乌髻观音像 /050

民国·德化窑白瓷观音立像 /052

菩　萨

清·木雕地藏王菩萨立像 /054

清·铜文殊菩萨坐像 /056

清·铜文殊菩萨坐像 /058

清·铜普贤菩萨坐像 /060

金刚及罗汉

明·彩绘木雕金刚立像 /062

清·木雕金刚坐像 /064

清·木雕金刚坐像 /066

清·铜罗汉坐像 /068

佛教祖师

清·木雕清水祖师坐像 /070

清·木雕清水祖师坐像 /072

清·泥塑普庵祖师坐像 /074

第二辑 道教 /077

玄天上帝

清·木雕玄天上帝坐像 /078

清·彩绘木雕玄天上帝坐像 /080

清·木雕真武坐像 /082

清·木雕玄天上帝坐像 /084

清·彩绘木雕真武大帝坐像 /086

清·贴金泥塑真武大帝像 /088

法主公

清·彩绘木雕法主公坐像 /090

清·彩绘木雕法主公坐像 /092

清·木雕法主公坐像 /094

清·彩绘木雕法主公坐像 /096

清·彩绘木雕法主公坐像 /098

清·彩绘木雕法主公坐像 /100

清·漆线雕髹金法主公像 /102

目 录

文昌帝君与魁星

明·彩绘木雕文昌坐像 /104

清·漆线雕文昌坐像 /106

清·彩绘泥塑文昌像 /108

民国·德化窑白釉文昌坐像 /110

明·鎏金铜足踏龙首魁星立像 /112

清·铜魁星立像 /114

清·木雕魁星立像 /116

清·木雕魁星立像 /118

其 他

明·木雕真人坐像 /120

清·木雕孚佑帝君坐像 /122

第三辑 民间信仰 /125

土地公

明·彩绘木雕土地公坐像 /126

清·石雕土地公坐像 /128

清·彩绘泥塑土地公像 /130

清·彩绘泥塑土地公坐像 /132

清·贴金泥塑土地公坐像 /134

清·彩绘泥塑土地公像 /136

妈祖及从神

清·彩绘木雕妈祖坐像 /138

清·彩绘木雕妈祖坐像 /140

清·彩绘木雕妈祖坐像 /142

清·木雕妈祖坐像 /144

清·彩绘贴金木雕妈祖坐像/146

清·漆金木雕妈祖立像/148

清·木雕妈祖坐像/150

清·彩绘漆金木雕妈祖坐像/152

民国·彩绘漆金木雕妈祖坐像/154

清·木雕顺风耳立像/156

清·彩绘漆金木雕顺风耳立像/158

清·木雕顺风耳立像/160

清·木雕千里眼立像/162

清·彩绘漆金木雕千里眼立像/164

清·彩绘木雕千里眼立像/166

清·木雕女乐神立像/168

关公及从神

明·彩绘木雕关公坐像/170

清·铜关公立像/172

清·彩绘木雕关公坐像/174

清·彩绘泥塑关公像/176

清·木雕关公坐像/178

清·泥塑关帝坐像/180

民国·德化窑白瓷关公立像/182

清·铜周仓立像/184

清·彩绘木雕周仓立像/186

清·铜关平立像/188

清·彩绘木雕关平立像/190

清·彩绘木雕关平立像/192

广泽尊王

清·贴金泥塑广泽尊王坐像/194

清·德化窑白瓷郭圣王坐像/196

清·木雕郭圣王坐像/198

清·彩绘木雕郭圣王坐像 /200

清·木雕郭圣王坐像 /202

清·彩绘漆线雕广泽尊王坐像 /204

清·木雕广泽尊王坐像 /206

清·彩绘木雕广泽尊王坐像 /208

清·贴金泥塑广泽尊王侍从立像 /210

清·贴金泥塑广泽尊王侍从立像 /212

临水夫人

明·彩绘木雕临水夫人坐像 /214

清·彩绘木雕临水夫人坐像 /216

清·金漆木雕临水夫人立像 /218

民国·木雕临水夫人坐像 /220

王 爷

清·彩绘漆金木雕王爷立像 /222

清·木雕王爷坐像 /224

清·木雕王爷坐像 /226

清·木雕王爷坐像 /228

清·木雕王爷坐像 /230

清·木雕王爷坐像 /232

清·彩绘木雕王爷坐像 /234

清·彩绘漆线雕王爷坐像 /236

清·髹金漆线雕王爷坐像 /238

清·彩绘木雕王爷坐像 /240

清·漆线雕王爷坐像 /242

清·木雕王爷坐像 /244

清·木雕三王府王爷坐像 /246

清·木雕三王府王爷坐像 /248

清·木雕三王府王爷坐像 /250

民国·髹金漆线雕王爷坐像 /252

民国·木雕彩绘王爷坐像 /254

郑成功

清·彩绘漆金木雕郑成功坐像 /256
清·彩绘髹金漆线泥塑郑成功像 /258

行业神

清·彩绘木雕保生大帝坐像 /260
清·金漆线雕保生大帝坐像 /262
清·木雕田公戏神立像 /264
清·木雕田都元帅立像 /266
清·木雕田都元帅坐像 /268
清·漆线雕田都元帅坐像 /270
清·彩绘木雕财神立像 /272
民国·彩绘漆金木雕神农大帝坐像 /274

其他

明·彩绘木雕龙女立像 /276
清·彩绘木雕天庭李星君坐像 /278
清·木雕天庭李星君坐像 /280
清·彩绘木雕哪吒立像 /282
清·木雕三太子立像 /284
清·彩绘木雕二郎神坐像 /286
清·木雕城隍坐像 /288
清·彩绘漆线雕齐天大圣坐像 /290
清·木雕灶神坐像 /292
民国·木雕济公坐像 /294
民国·白釉寿星坐像 /296

临水夫人造像探析
——以中国闽台缘博物馆馆藏为例

黄晖菲

一、引言

临水夫人，俗名陈靖姑，又称陈进姑或陈静姑，福州下渡人。民间称呼多为临水夫人，又称顺天圣母、顺懿夫人、陈夫人、陈太后，福州一带常呼之"大奶""奶娘"。临水夫人以保佑妇孺、神应灵验而闻名，其信仰范围主要在福建，并辐射到浙江南部、江西东北部、台湾等地区。

闽南尤其是泉州地区以临水夫人为主神供奉的宫庙数量较少，以并祀或配祀等方式存在的情况较多，范正义与何振良在《泉州三座临水夫人宫庙的现状调查》一文中曾就此进行过系统的爬梳。虽然临水夫人在泉州地区较少拥有独立的宫庙，但并不影响该信仰在泉州地区的传播与发展，据王平山、王少凡《惠安的陈靖姑信仰民俗》一文介绍，惠安有一户擅长雕塑神像的薛氏父子，自"文革"以后，他们父子俩单给惠东、惠东南一带雕塑的陈靖姑神像就有二三十尊之多，[①] 可见临水夫人信仰在泉州地区之兴盛。

关于临水夫人造像的研究及相关著述不多，较为系统的有何慧所撰写的硕士研究员论文《福建地区陈靖姑造像研究》及她与龚晓田合写的《陈靖姑造像"三身"现象探析》，她在文章中将陈靖姑造像分为官身（国家神）、民身（母亲神）、法身（道法神）"三身"进行讨论。中国闽台缘博物馆共有馆藏临水夫人造像四尊，均为木质，造像的年代跨度较大，从明代至民国，服饰、造型不一，体现了临水夫人信仰不同发展阶段的特点。据此，笔者尝试将中国闽台缘博物馆馆藏的临水夫人造像结合其信仰发展过程进行粗浅的分析。

二、馆藏明代临水夫人造像

明初，由于受到朝廷"禁淫祠制"的压制，地方的宗教活动与民间信仰发展都受到了影响，泉州亦受到波及，明嘉靖年间（1522—1566），泉州各地发生

作者简介：黄晖菲，中国闽台缘博物馆，副研究馆员。
① 范正义，何振良. 泉州三座临水夫人宫庙的现状调查[C]//林振礼，吴鸿丽. 泉州多元文化和谐共处探微. 厦门：厦门大学出版社，2017：391.

过一次甚烈的"毁淫祠"事件。清乾隆《德化县志》卷八《祠宇志》中在论及德化当时的情况时就直指："夫跌化飞升，非所以为训。顾时俗所传，皆在唐、宋之世，毋亦以其荒远莫稽，而姑妄称之欤？不然，胡以近数百年来，概乎未之有闻也？若愚民倡为神佛生日之说，陈乐侑觞，每岁新春妆扮神像，称侯称公，沿途迎演，旗鼓喧哗，饮食侈靡；多者费百金，少亦不下数十金，此又诬神惑民之甚，所当亟加禁绝者也。"①

直至明中叶以后，随着传统仪式的复兴及民间祭祀政策的变化，临水夫人信仰亦有所发展，并开始进一步与道教结合，衍生出一些富有道教色彩的传说及功能。明万历《续道藏》之《搜神记》就收录了《枫泾杂录》的"顺懿夫人"之条，叶明生老师在《陈靖姑信仰略论》一文中认为这是陈靖姑开始被道教认同的一个标志。明末陈鸣鹤所撰的《晋安逸志》，亦明确指出："女道……陈靖姑，闽县人，五世好道。"② 此外，其传说开始与道教结合，有陈靖姑与其兄陈守元的道教授箓、传法及除妖的故事等，详细记载了陈靖姑"道教化"的过程。不仅如此，陈靖姑的"道教化"在神像造像上也有所体现。

中国闽台缘博物馆馆藏有一尊明代临水夫人造像（见本书第214页），三级文物。该神像高15.5厘米，宽8厘米，厚6.1厘米。神像头结发髻，戴莲花冠，眼微开垂耳，面部慈祥，身穿宽袖衣袍，手臂端于胸前，双掌缺失，端坐于座上，双脚微露，座已缺。

民间与道坛供奉的陈靖姑神像以中小型木雕造像为主，此尊临水夫人体型较小，造像上颇有道教之风，其头顶发髻所配为莲花造型的纹饰。道士冠分五种，分别为黄冠、五岳冠、星冠、莲花冠、五老冠。莲花冠，又称上清冠，形如莲花，高功所戴。隋唐时代以来，道教像冠帽被称为"莲花冠"，莲花形状的冠成为道教形象主流。③ 此外，该造像后背有一"神腹"，内附有手绘天干地支八卦图封印及文书，洞口用木塞堵住。文书内容为：

大明国福建泉州府安溪县省元坊南市保居嗣法弟子杜跃龙，主命癸亥年（1563）十月二十八戌时，建生言念跃龙自幼学习天文地理，六壬遁甲，太乙数、六甲六丁，阴符经藏，身排兵布阵，演禽推历，克择火攻技巧，阴阳兵法，韬略诸皆大法，誓愿代天宣化，福国祐民，伏祈。遭逢际会，允事如意允于诸祷悉皆所愿。

万历二十二年（1594）岁次甲午八月日词

民间在神像雕塑（造）过程中，师傅会在泥塑或者神像背后留一孔洞，称之为"神腹"，然后选择一个吉日良辰举行"装脏"仪式，将准备好的物品放入"神腹"之中，再封住洞口，寓为将神灵贯注到神像中。"装脏"的物品不一，

---

① [清]高植.乾隆德化县志.卷八，祠宇志.
② [明]陈鸣鹤.晋安逸志.
③ [日]石松日奈子.中国初期道教图像和老年相老君像的诞生[J]//中山大学艺术史研究中心.艺术史研究第19辑.广州：中山大学出版社，2017：73.

有经书、铜镜、灵符、香灰等；亦有五色线、五谷、铜钱等，寓意也不尽相同。还有如上文的神像一样，所放入的是文书，本馆馆藏神像中还有三尊"神腹"内藏有文书的王爷造像，但其内容与本尊临水夫人内的文书不同，如其中一尊民国木雕彩绘王爷坐像，其神腹内所藏文书内容为介绍宫庙重修过程及安奉神像缘由。

而此藏书从内容上看，应是道教学法弟子誓愿文书。文中所提及之"天文地理、六壬遁甲，太乙数、六甲六丁、阴符经藏"应为民间道教修行之内容，"身排兵布阵，演禽推历，克择火攻技巧，阴阳兵法，韬略诸皆大法"则是所学施法行术之内容。文书中所提及之安溪县省元坊，据《安溪县志》载：省元坊，在东街，宋为庚戌礼闱第一人陈应雷立，今废。① 黄建兴曾在《明清时期福建正一道与民间道派》一文中写道：明清时期福建道教最大的特色就是道教与民间教派的融合发展，在各地均发展出了一些各具特色的地方教派，其中最有特色的是闾山教。② 明刻绘图本《绘图三教源流搜神大全》的《太奶夫人传》云："……进姑年方十七，哭念同气一系，匍往闾山学法。"③ 因此，明代，以尊奉陈靖姑等"陈林李三夫人"为教派法主的夫人教就已在福建地区传播开来，几乎遍及全省各地，法师到"闾山"（或称"庐山"）学法者甚众。该造像神腹藏书内容中既有传统道术的学习，又有法术科仪的推演，结合其服饰上的道教特征及造像的规格形制，应是道坛供奉的陈靖姑神像。

三、馆藏清代临水夫人造像

清代，临水夫人信仰得到进一步传播与发展，"道教化"特征更加明显。各地关于临水夫人的文献及传说记录十分丰富，如清乾嘉里人何求所撰的《闽都别记》中，就以陈靖姑闾山学法及收妖除怪为主线，将福州地区许多民间传说串缀在一起。不仅如此，民间道坛还保留了大量与临水夫人信仰有关的闾山派的传统科仪文献。因此，在临水夫人的造像上，也有了十分明显的道教特征。

中国闽台缘博物馆馆藏有一尊清彩绘木雕临水夫人坐像（见本书第216页），三级文物。该神像高28厘米，宽16厘米，厚10.9厘米。神像头部盘发戴冠，大耳，面容娴静，神态慈祥。身穿圆领道袍，身涂红黄黑等彩绘，腰束带，袖角翘起，右手握起中空放于腿上，所握法器缺失，左手举于胸前做道教手印，双脚着地，端坐于座上，后背有一正方形洞，已用木片贴上。

何慧所撰写的硕士研究生毕业论文《福建地区陈靖姑造像研究》中有专门章节就临水夫人的"法身"造型、其手部动作及手持道教法器进行了分析，她认为"法身即道法神，指陈靖姑头戴闾山夫人教神额，身穿法衣，手持法器，

---

① [清]谢宸荃，洪龙见.安溪县志.卷五，风俗人物之二.
② 林国平，邱季端.福建历史文化博览（下）[M].福州：福建教育出版社，2017：384.
③ [清]叶德辉.绘图三教源流搜神大全（外二种）.上海：上海古籍出版社，1990.

正在布阵施法祈雨收妖斩蛇的形象，多见于道观及道技雕像中"。[①]但并未提及此类造像，该造像虽然右手所握法器缺失，但笔者在其他地方曾看到同款造型的临水夫人神像，其手部所握法器为棍状物，应是道教法器打神鞭。且此造像身着道袍，袖角飞起，左手举于胸前做道教手印，笔者认为应该也归为临水夫人的"法身"造像类型。2011年泉州南安市水头镇劳光村内寮自然村在重建"娘妈宫"的过程中，挖掘出一尊"娘妈"，其右手举于胸前向外做手印，与本尊造型相似，当地考古学者分析其或为临水夫人造像。

清代临水夫人信仰除了进一步道教化之外，其民俗化的神职特征也更加明显。在清代的各类文献传说中，其救助显圣事迹开始以救助妇女儿童为主，如《临水平妖记》与《闽都别记》等，开始趋向于作为妇孺的保护神。不仅如此，在地方的一些信俗活动，也反映了临水夫人的保佑妇孺的神性，司职十分鲜明。

位于泉州西街的台魁巷内的奇仕妈宫，供奉着陈金李三夫人，其中陈夫人即为临水夫人，泉州俗称为"奇仕妈"。奇仕妈为保育护产之神，宫内的花瓶中插有红、白两色花朵，本地信徒常到此"请花"，即新婚夫妇或者期望生育的妇女来向奇仕妈请求赐花，求得白花者寓意生男孩，求得红花寓意生女孩。清代陈德商的《温陵岁时记》第十一篇《迎奇仕妈》就有记载："奇仕里临济夫人宫，香火极盛。城内外之妇人祈子者，祈产难者，得夫人案前花一朵，或迎神像归，则梦兰有兆，而语忘敬，遗胥远去矣。神于仲秋之日，必到东岳行宫进香，为郡人消灾迎福。是日远近男妇乘舆徒步者踵相接，小儿衣冠骑马，或执旌旗，或持鼓吹随之。叩拜者肩相摩、毂相击。奇仕宫中，金纸齐山，花香委地。江南班、七子班、丝竹管弦，极其热闹焉。"[②]

晋江福全村东山境临水夫人庙，为当地四大宫庙之一，据该庙清光绪二十一年（1895）《重修临水夫人庙碑记》所载："临水夫人之崇祀于福全东山境，由来久已，灵爽昭赫，四方祈厘祷嗣护产卫孩求无不应，香火之盛不仅十乡而止……"[③]金井、英林、深沪、龙湖乃至石狮等地的新婚夫妇常到庙中烧香祷嗣，怀孕的妇女，尤其是胎位不正的孕妇亦会到庙中叩祈顺利生产。新生婴儿，其父母会备办果烛牲礼，至庙中贴契书，拜临水夫人为谊子（女），祈求孩童健康成长。

中国闽台缘博物馆馆藏有一尊清金漆木雕临水夫人立像（见本书第218页），为三级文物。该神像高25厘米，宽9厘米，人物厚6.8厘米。神像光额，梳螺髻于后，眼微开，鼻直，闭口，垂耳，面带微笑，神情祥和。身穿宽袖衣袍，玉带下挂，露胸，双手上拱，双手抱一婴儿于胸前，衣袂飘逸，通体髹金，向右侧首立于底座上，凸显临水夫人保育护产的神职。

临水夫人抱有婴孩的神像造像不多见，如古田临水夫人祖庙广场上的临水

[①] 何慧.福建地区陈靖姑造像研究[D].福建师范大学，硕士研究生论文，2016.
[②] 泉州市民政局，泉州市地方志编纂委员会办公室.泉州旧风俗资料汇编[G]，1985：88.
[③] 张杰.海防古所：福全历史文化名村空间解析[M].南京：东南大学出版社，2014：187.

夫人石雕巨像，身旁便立有一孩童。何慧在其硕士研究生毕业论文《福建地区陈靖姑造像研究》中提及该造像时认为，其或许不是临水夫人造像，而是广东的金花夫人。金花夫人又称金华夫人、金花娘娘，是广东一带的生育女神。其成神之路与临水夫人颇有相似之处，少时为巫，意外身亡，因有显灵之迹被当地信众修庙供奉，成为当地的生育女神，以"求花祈子"为验。清代范端昂《粤中见闻》记载："夫人字金华，少为女巫，不嫁，溺死湖中，数日不坏。有异香，即有一黄沉女像浮出，绝似夫人。众以为水仙，因祀之，名其地曰仙湖，祈子多验。妇女有谣云：'祈子金华，多得白花；三年两孕（一作朵），离离成果。'"[①]因此，金花夫人之造像与临水夫人亦有诸多相类之处，但金华夫人典型的造像是身旁环绕二三孩童，突出其生育之神职功能，且其主要传播范围以广东一带为主，闽南尤其泉州较为少见，因此该造像为金花夫人可能性不大。

清代临水夫人的生育习俗与传统有了新的发展，形成了以临水夫人为中心的庞大生育神灵体系。从造像上看，本馆所藏之造像为立像，怀中抱有一婴孩，神情充满慈爱，与部分宫庙中临水夫人三十六宫婆官的造像有相似之处。临水夫人三十六宫婆官的分工是十分细致的，除了临水夫人专门负责"扶胎救产"之外，她的下属生育神灵系统几乎统括了妇幼儿童的所有事宜，从注生婆、白花婆、红花婆、送喜婆、唤子婆等具有满足妇女祈子的神明，到安胎婆、保珠婆、扶产婆、送生婆等保护孕产妇的神明，再到弥月婆、养仔婆、保疹婆等保护婴幼儿健康成长的神明，还有专门教育儿童学习良好行为的教坐婆、教食婆、教行婆，以及保佑儿童一生富贵安康的注贵婆、注富婆，几乎涵盖了妇女儿童的一生，对妇女儿童起到了无微不至的庇佑。因此其宫婆官造像上亦多以妇人及孩童为主，妇女怀抱孩童造型尤为多见，据此，该造像或为临水夫人三十六宫婆官之神像亦有一定可能。

四、馆藏民国临水夫人造像

民国时期，临水夫人信仰进一步发展，各地宫庙数量不少，尤以古田一带为盛。如民国版的《古田县志》卷二十三《祠祀》篇所载："顺懿夫人庙祀各区多有，仅城厢有七处：一为龙源堂在北关外，一为佑圣宫在二保后街，一为三角池督公庙右旁，一为好生宫在云梯四境，一为广济宫在四保街下境，一为夫人庙在六保街，一为顺鼓宫。"[②]

不仅如此，关于临水夫人的文献传授记载版本也不少。民国时记载陈靖姑事迹的有《古田县志》《平潭县志》《沙县志》《霞浦县志》等官方文献，此外还有《海游记》《闽都别记》《临水平妖》《陈十四夫人传》《夫人戏》《舍人哥

[①]沈丽华，邵一飞.广东神源初探[M].北京：大众文艺出版社，2007：226.
[②]黄澄渊修，余钟英纂.古田县志.卷二十三，祠祀.

咒卷》等传说传记。如《闽都别记》流传的版本就有六种之多，其中民国年间就有1911年董执谊石印本（藕根斋印本）与1946年福州万国出版社铅印本两个版本。

临水夫人信仰在民国时期仍旧在地方不断传播与发展，充分体现了民间信仰重实用性的特点。譬如在闽台地区，囿于地方卫生及医疗条件的落后，一直都有"信巫不信医"之风气，直至民国时期，信巫不信医的陋习仍在福建各地普遍存在。尤妇女生产为甚，在医学不甚发达的情况之下，能否顺利生产，除了依靠接生稳婆之外，便只能将其托付给神明保佑。此外，儿童在未成年之前，遭遇疾病及意外较多，民众对未知的恐惧和疾病无能为力，便将希望寄托在神灵之上，认为通过奉祀某类特定的神明，可以获得保佑，甚至免于灾难病痛的困扰。临水夫人"巫"女出身，又以扶胎救产之传说为著，因此成为保护产妇婴幼的"医神"代表之一。

例如，在福州地区，"分娩须请陈靖姑神。婴儿平安降生，必须办酒席谢奶娘。婴儿一降生，已有一称谓——'奶娘的孩子'，从而始受奶娘的保护"。[①]人类学家林耀华先生在《金翼》一书中亦描写了婴儿出生之时家人到庙中恭请临水夫人香炉庇佑之事。《闽都别记》第一百二十八回中载："时儿童出疹，不大平安，十死八九。"因此，临水夫人的信仰体系中，虎婆奶、痘疹夫人与金、银舍人等皆有救治痘疹事迹流传。在闽中、闽南等地，民间传说则认为痘疹是由临水夫人麾下的刘夫人专管，称"种痘夫人"。惠安民间也传说，痘症是玉帝所设，临水夫人的属下刘夫人专管撒痘，封为"种痘夫人"，当地一些神庙祀有"痘疹夫人""天花夫人""散痘夫人"等神像。[②]民国七年（1918）《长乐县志》卷十八载："种芝宫，在太平桥上，乾隆十六年（1751）创，道光七年（1827）、咸丰间先后重修，中祀临水夫人，旁祀痘、疹二神。"[③]由此可见，清末至民国时期，临水夫人信仰在福建民间仍旧在不断地传播与发展。

中国闽台缘博物馆藏有一尊民国木雕临水夫人坐像（见本书第220页），该神像高14.2厘米，宽7厘米，厚5.6厘米，头戴发冠，冠上彩绘金漆脱落，角落处残存少量金漆线雕。面容圆润饱满，五官秀气沉静，身穿圆领朝服，手扶木仿制玉带板，正襟危坐。

该坐像朝服装饰精美繁复，采用金漆线雕的手法将服饰上的花纹做了凸雕处理，在大面积金漆的映衬下更显华贵。漆线雕是闽南地区独特的传统工艺。用金箔、彩绘和漆线来装饰佛像，称之为"妆佛"。明末清初漆线雕工艺水平逐渐发展，清代中期进入鼎盛时期。清末社会动荡，漆线雕工艺开始转入衰落时期。因此，民国时期的漆线雕作品较少。该造像虽大面积脱彩，不复往日荣光，

[①]陈鸿里.旧社会福州婚、寿、丧习俗[G]//福建省政协文史资料委员会.文史资料选编第2卷（社会民情编）.福州：福建人民出版社，2001：152.
[②]陈济谋.乡土文学的瑰宝[M].福州：海风出版社，2004：22.
[③][民国]孟昭涵，李驹.长乐县志，卷十八.

但整体制作工艺繁复考究，服饰图样采用漆线雕十分典型的祥云水波纹，将其妇幼保护女神慈航普渡的神韵刻画得淋漓尽致，不失为民国时期"官身"临水夫人的佳作。黄坚所著之《闽南地区民间雕刻艺术研究》一书中亦有一尊民国永春漆线雕贴夫人神木雕坐像，其造型、动作、工艺与此尊相类。

四、结语

宗教信仰的造像变化与发展，一方面受到宗教信仰发展的影响，另一方面与社会发展、工艺水平的演变密切相关。中国闽台缘博物馆馆藏的四尊临水夫人造像，虽然数量较少，但在时间跨度上具有一定的延续性，且造型较为多样，能够在一定程度上反应出临水夫人信仰在不同社会发展时期的特点。受到地理位置、社会发展等诸多因素的影响，福建地区的地方女性神明信仰呈现出较为庞杂的一个形态，除了妈祖、临水夫人等具有代表性的女性神明之外，还有大量的地方神明，如闽南地区的"夫人妈"信仰，各县市区乃至各个村落都会有属于当地的"夫人妈"崇拜。这些女性神明除了在神职功能上会有所类似，其造像上也存在相互借鉴的情况。

总体而言，临水夫人的信仰发展过程中，"巫""道"结合的特征较为明显，在造型上尤为突出；此外，通过法器、孩童等元素强调其信仰的神职内涵，亦是临水夫人造像的特征之一。

由于临水夫人相关的造像研究成果并不是很多，囿于笔者的学识，仅能就此提出粗浅分析，以求教于方家。

从清代郑成功造像看闽台神像造型的美学意涵

陈晓岚

郑成功肖像画及雕像研究是郑成功学术研究的重要课题之一。福建中国闽台缘博物馆考察团2015年赴台参访考察时征集了一尊清代彩绘髹金漆线泥塑郑成功坐像，是迄今发现的年代最久、体量最大的清代郑成功神像。本文将围绕这尊神像，并结合馆藏另一尊二级文物清彩绘漆金木雕郑成功坐像，从造型特征、制作工艺等方面展开论述，试图探寻闽台神像造型的艺术规律及其美学意涵。

一、郑成功信仰在台湾的兴起与发展

郑成功（1624—1662），名森，字明俨，号大木，福建泉州南安石井人，先世由河南固始入闽。郑成功出生于日本平户，父亲为明末海盗巨商郑芝龙，母亲为日本田川氏（翁氏），七岁回福建从师学习。南明隆武元年（1645）赐国姓朱，改名成功，人称"国姓爷"；南明永历九年（1655），永历帝封其为延平王。1646年清军入闽，郑成功与其父郑芝龙分道扬镳，走上反清复明的道路。郑成功于1662年收复台湾，结束荷兰人在台湾长达38年的殖民统治。同年五月初八，郑成功病逝，终年39岁。因特殊的历史贡献，在他逝世后，台湾民众开始将其作为先贤或祖先进行崇拜，使郑成功从"人格"提升到"神格"，并奉以"开台圣王""延平郡王""延平王""国姓爷""国姓公"等尊称表达敬意。

台湾最早的"郑氏家庙"应为1663年由郑经所建的承天府宁南坊，用于奉祀郑成功及郑氏祖先。[1] 入清后改称"郑氏大宗祠"，后定名为"昭格堂"。康熙皇帝于康熙二十二年（1683）赐"忠臣"牌匾[2]，康熙三十九年（1700）正式褒扬郑氏为明室忠臣。"牡丹社事件"后，为了避免日本帝国主义觊觎台湾，沈葆桢以"郑氏明之孤臣，非国朝之乱贼"，请求清政府在台为郑成功建祠。光绪元年（1875）官方设庙奉祀，建立郑氏祠堂。郑成功信仰开始受官方认同，并从

作者简介：陈晓岚，中国闽台缘博物馆，副研究馆员。

[1] 林衡道.台南市市区史迹调查报告书[R].南投：台湾省文献会，1979：175.
[2] 现存于南安石井延平郡王祠内。

台湾民众的"淫祀"转化为"正祀",在台湾生根、茁壮发展。自清代至今,"郑成功信仰"依然持续受到尊重礼遇,官方接二连三为其建祠修庙,已然成为台湾地区一项本土的信仰文化,发展出相关祭祀圈和信仰圈,逐步拓展成为一个带有国际性的文化现象与长盛不衰的研究课题。

二、郑成功神像的图像特征

郑成功一生功业卓著,生平多富传奇色彩,他本人的长相外貌均可从他同时代或稍晚的史料、画像、雕像中窥视。这些郑成功的图像信息一般出自画家、民间画工、民间工匠之手。笔者以馆藏两尊郑成功神像为例,尝试探究其内在蕴含的图像特征。

(一)清代彩绘髹金漆线泥塑郑成功坐像形态描述及特征

这尊从台湾地区征集的清代彩绘泥塑郑成功坐像(见本书第258页),通高88厘米,神像高76厘米,宽43厘米,厚43厘米,泥塑造像。该神像头戴金漆冠冕,双眼作俯视状,卧蚕眉,悬胆鼻,有胡须,嘴唇丰厚,嘴角微向上翘,两腮饱满丰腴,耳垂肥厚,神态安详。所着衣饰甚是独特,交领,肩饰披巾,左肩披长红巾,并绕至右后方腰带处。左右身衣饰相异,左侧身披长袍,袍长至脚踝,左足踏翘肩薄底靴;右侧身披铠甲,右膝穿虎头锁子甲,右足着虎头战靴。胸部饰锁子甲,胸部与腹部之间配腰箍。腹部隆起,腹部处沥粉贴金盘龙纹,束腰带。右手握腰箍于胸前,左手置于左膝上。背后有封印洞,封印已缺。纵观整尊郑成功神像,神态安详,体态雍容,正襟危坐于台上,冠冕、铠甲及身上纹饰等均髹金漆,彩绘大部分脱落。

泥塑造像最早起源于东晋,是用泥土塑造的一种造像形式。其技法历代相承,制作方法大致相同,包括立骨、贴肉、穿衣、装銮等四道工序,称"泥塑装銮"。通过捏、塑、贴、压、削、刻等来塑造形象,再用点、染、刷、涂、描等绘画技法赋彩,润饰肌肤,描出细部,体现质感,即"塑容绘质"。从造型特征分析,泥塑郑成功神像,沿袭了中国古代泥塑造像的精湛工艺,且有鲜明的时代特征和人物特点。具体来讲,该神像体量高大,塑造上强调体积和动势,两膝稍稍外斜,左脚在前,右脚在后,形成了多条动态弧状线,动感十足。脸部刻画细腻圆润,容貌如生,神态庄重,这与郑氏传记中所记载的相貌:"仪容伟俊,骨相非凡"描写相近,郑氏素有"白面书生"之称,但该神像塑造时却有胡须,应是被"神化"的造型,达到瞻之弥高、仰之益恭的艺术效果。笔者推断该尊神像为清初期台湾地区技艺超群匠师们的杰作。

从服饰特征分析,泥塑郑成功神像所着衣饰甚是独特,左侧身披长袍,右侧身着虎头锁子甲,衣褶纹饰简洁质朴、线条流畅奔放,细节刻画精美、凹凸有致,立体感强。民间信仰所祭祀的神明,大多是历史上忠义之士,且为百姓做过好事的。郑成功不仅是明朝的忠臣,还是驱除荷兰殖民者的民族英雄。收复台湾后,郑成功在台发展农业生产,富国强兵,推广文教,将大陆的文化传统、道德理念通过兴办教育在台湾生根发芽，奠定了台湾文化发展的基础。因此在台湾人眼中，郑成功既能文又能武，这也正是匠师们塑造其形象的依据。

从装饰技法分析，泥塑郑成功像采用沥粉贴金的技法装饰冠冕及服饰，华丽富贵。沥粉贴金是我国传统壁画、彩塑及建筑装饰中常用的一种工艺技法，这种古老的汉族民间制作工艺源远流长，早在盛唐时期就已出现，元、明以后应用十分广泛，是"沥粉"和"贴金"技法的合称。沥粉贴金工艺的特殊之处在于高出物面，并在上面贴金、银箔及上色等。该神像所运用的沥粉贴金技法装饰线条凸起、均匀细腻，立体感很强，色彩绚丽，更显所塑神像的华丽与富贵。

（二）清彩绘漆金木雕郑成功坐像形态描述及特征

我馆馆藏二级文物"清彩绘漆金木雕郑成功坐像"（见本书第256页），通高33厘米，人物宽20厘米，厚12.5厘米，木质。该神像为文官形象，正襟危坐，头戴明式官帽，双眼微闭，如沉思状，耳垂肥厚，嘴角微上翘，胡须缺，面容饱满，脸部贴金，身披蓝底蟒袍，胸部饰腰箍，腰部系腰带，右手置于右膝上，手指弯曲搭住袖口，左手置于左膝内侧，自然下垂，不露左手。胸前、两袖及帽沿均漆金线云水、蟒纹，衣褶线条流畅，漆金彩绘局部脱落。

木雕郑成功神像慈眉善目，神态安详，体量虽小，但造型精巧、技艺娴熟。神像衣褶线条流畅，漆线雕云水、蟒纹饰满全身，粗细线条灵活运用，随着形体变化，蜿蜒盘绕。为了达到浅浮雕的效果，还采用堆漆和漆线并用的手法，立体感极强。此外，髹金与配彩的搭配使用让作品错彩镂金，美轮美奂。整尊造型典雅、圆润，神情悠然自得，透着一股威严、庄宁、仁慈的性格特征。清中期郑成功被清政府封赏后，蟒袍成为其身份的象征，这一时期也是漆线雕技艺发展成熟鼎盛的时期，因此，可以初步推断该木雕郑成功像制作年代应为清中期以后。

（三）两尊神像的共性与个性

对比馆藏两尊不同时期塑造的清代郑成功神像，从制作工艺分析，他们共同特征是"圆"，即采用圆雕的手法制作神像。从材质、造型特征、服饰、纹样、制作工艺及年代等方面分析，均有诸多不同，泥塑郑成功神像继承明代塑像遗风，简约大方；木雕郑成功神像则是清代塑像的典型，装饰繁琐，整体外观华丽、富贵。虽造型风格各异，但都受到宗教尤其是佛教造像的影响，并从中借鉴、寻找创作的源泉，传达含蓄、内省的宗教精神，呈现出闽台造像独特的地域风格。

三、郑成功神像体现闽台神像造型的美学意涵

宗教工艺美术是宗教文化在艺术方面的表现结晶。众所周知，中国神像造型美学受到中国社会发展和社会思想两方面的影响。夏商时期，凡大小事均向神鬼问卜，所以神像造型多为鬼形象，周朝之后，中国进入封建社会，神像造型倾向于帝王将相的形象，越到封建末期，神的规格形象越加模糊。

闽南地区民间信仰的产生及发展，深受中华传统文化影响的同时，与福建

地区的历史传统、自然条件、社会矛盾、人口流动以及宗教观等密切相关。闽越族"好巫尚鬼"的传统，与陆续从中原传来的汉族巫术相结合，相沿成习，为闽南地区民间信仰的滋生提供了肥沃的土壤。实用功利性的宗教观使闽南人民常按照自己的需要塑造神灵，这使得闽南拥有的神灵不断增多，形成了独具地方特色的闽南民间信仰，台湾民间信仰根植于祖国大陆，尤其是闽南地区的地方信仰，自然造像技艺也是一脉相承。

（一）郑成功神像的程式化、神圣化转变

神像的形象体现供奉民众的心理观念、信仰观念以及审美观念。在匠师们眼中，郑成功神像就是真人与各种神迹的综合体。例如，本文阐述的清彩绘泥塑郑成功坐像脱胎于真实人物，脸部刻画较为写实，脸庞俊秀、五官精美细腻，特别注重眼神的刻画。半文半武的冠服样式更能突显郑成功生前独特的人格魅力及社会影响力，让众人觉得既亲切又敬爱，是可以信任与依靠的，体现台湾民众质朴的审美心理以及对郑氏的敬意。可以说，该神像是郑成功原型的再创作。清中期以后，随着朝廷对郑成功的重新界定，并为其修建宗祠，"郑成功信仰"在台由原来的"淫祀"转变为"官祀"，其形象也因受封而发生改变。如清彩绘漆金木雕郑成功坐像的塑造趋向模糊化、程式化、神圣化，该神像更多是匠师们发挥想象创作出来的，接近儒家君王的形象，身穿蟒袍，通体髹金漆线，富丽堂皇，无不体现尊贵的身份和地位。双目眼帘下垂，半睁半闭的慈悲像，基本上就是菩萨罗汉的翻版。此外，闽台神像造型也有一定的程式，大多采用左右对称的坐姿，四平八稳，以显示郑成功之威严形象。为了使郑成功神像达到"可敬"受尊崇膜拜的效果，在神像塑造上加入了庄严、中性的因素，整体造型趋向程式化、神圣化，这也是造像功能的变化引起的形式变化。

（二）闽台神像装饰的世俗化、装饰化

民间信众以人的心态去揣摩神的喜好，以祭拜供奉财物和娱乐排场活动等方式来与神像沟通，人们坚信，神虽为神，也应该享受人的生活中的乐趣，所以为了表示对神的敬意，在神前奉上人间最喜爱的金银首饰等财物，并把神像本体装饰得奢华富丽。因此到了清代，神像装饰趋向世俗化、装饰化，如木雕郑成功神像大面积采用漆线雕工艺装饰本体。为了达到浅浮雕效果，采用粗线条与细线条灵活并用，漆线堆叠的立体手法，加上贴金、配彩的使用，错彩镂金，美轮美奂。

（三）闽台神像凝聚的闽台宗教信仰的审美观念

郑成功信仰与台湾其他民间信仰有所不同，台湾民众崇拜的神灵中，百分之八十以上传自大陆，但郑成功信仰生长于台湾，发展于台湾，是台湾土生土长的信仰，它超越了乡土情感和地域观念，综合宗族性、地缘性、民族性等，成为全台性的共同信仰，并发展出相关之祭祀圈、信仰圈。从馆藏两尊郑成功神像的造型来看，虽一尊出自台湾，一尊出自闽南，但所采用的雕刻技艺都是一脉相承。闽台两地的匠师们借助手中技艺，把郑成功塑造成为"圣人"来宣扬伦理道德观念，使神像造型达到心与物、动与静、简与繁、平与直的完美统一，

这些看似公式化、程序化的艺术手法，都是多年来社会和匠师们对神的共同理解形成的积淀，亦是社会审美共识。

（四）闽台神像体现的闽台民间工艺美学意涵

闽台民间工艺的审美品格，源自于中国传统文化的逐步渗透，尤儒道尚美意趣的思想，渗透进民间工艺的审美观念：追求神像造型的精神内涵及审美品格，追求"气韵生动"的境界，把神韵塑造放首要位置，以想象、理解的方式造型，具备天真、浪漫、乐观的精神气质，较少受到思想禁锢，体现出一种朴素自然的审美品质。师古而求真，承古人之神韵，体现自然之本质，达到"虽由人作，宛自天开"的境界，这是历代匠师们实践之总结。格心成物、气韵生动、师承古法、崇尚自然成为闽台民间工艺审美意趣最主要的特点，寓美于实用，因材而施技，构成了闽台民间工艺的美学意涵。

中国闽台缘博物馆藏佛教造像撷珍

肖月萍

台湾与福建历史文化渊源深厚，两地的宗教信仰亦有着密切的关系，表现出诸多的共同特征。中国闽台缘博物馆"闽台缘"主题展厅"诸神同祀"单元，即以海峡两岸佛教、道教及各种民间信仰交流互动为主要展示内容。这里以闽台缘博物馆馆藏的几尊见证两岸佛教交流的造像为例，展示两岸不可分割的血脉关系。

一、馆藏佛教造像

闽台缘博物馆馆藏造像中，佛教造像有57件（套），材质以木、瓷、泥、石、铜为主，大致可以分为佛像、菩萨像、佛的弟子和罗汉像、八部护法像四类。

（一）佛像

佛像有小乘佛和大乘佛之分，小乘佛认为只有释迦牟尼佛才是佛，大乘佛则认为四方皆佛。闽台缘博物馆展出的明代泥塑释迦牟尼佛坐像（见本书第18页），呈坐姿，螺发，螺髻宽矮，面庞圆润丰满，细眉，双眼微合，眉间有白毫，耳阔长垂，嘴角内收含笑。身穿双领垂肩式袈裟，衣领低垂，露出束带裙腰，衣褶纹理清晰线条流畅。双手施禅定印，结跏趺而坐。脸部及衣饰涂红色彩绘。此尊释迦牟尼佛坐像整体做工精细，五官刻划细腻，开脸祥和，体态端方大气，沉静安宁之感油然而生。

现在台湾地区的佛教寺庙中，均供奉释迦牟尼佛，其雕刻造型与大陆无异，均为坐姿或站姿，脸部造型统一塑造为圆润的模样，身高体宽。

（二）菩萨像

菩萨即尚未成道的佛，主要有文殊、观音等菩萨。观音菩萨信仰是民间佛教信仰中最广泛的存在，相传其生日是农历二月十九，成道日是农历六月十九，涅槃日是农历九月十九，说法道场是普陀山。在民间，观音的济世方式多种多样，或为"送子娘娘"，或为"慈航尊者"，或为"救苦救难的神"等，都体现出观音在民间信仰中的地位。

闽台缘博物馆展出的清代铜观音立像（见本书第38页），头披观音兜，高盘发

作者简介：肖月萍，中国闽台缘博物馆，馆员。

髻，长圆脸，额前有白毫，双目微睁下视，嘴角略带笑意。肩覆帛巾，身披大衣，衣口袒露，内着裙，裙腰至腹，衣纹线条流畅，飘逸自然，裙摆覆地。双手交于腹前，腹部微微前突，侧视呈微弯曲状，跣足并立于六足座上。此尊观音立像将情感与姿态完美融合，生动展示了观音丰颐秀目的仪态，给人以雍容大度、慈妙庄严之感。

另一尊为民国时期交趾陶观音立像，此为台胞于2005年捐赠给博物馆的。观音像头披观音兜，发髻高耸，佩戴有佛座莲花发饰，肩部披发，额前有白毫，细眉秀目，双目微睁下视，嘴角略带笑意。身披广袖衣裙，衣口袒露，胸前佩戴有莲花璎珞珠串装饰。内着裙，裙上佩粉色、绿色、黄色梅花璎珞珠串装饰，裙摆覆地。衣襟、裙裾部分均有黑黄色边饰，与洁白的衣裙形成鲜明的对比，凸显出观音婀娜的身姿体态。双手微抬，呈说法印，跣足立于五彩莲花座上。

民国时期交趾陶观音立像

(三) 佛的弟子和罗汉像

闽台缘博物馆展出的明代彩绘泥塑阿难立像（见本书第24页），光头，面庞圆润，眉目清秀，双目微合，双耳下垂。内着右衽交领衣，衣摆下垂及地，外披博袖袒右式袈裟，衣着饰以红黑金黄绿等五彩花卉纹，衣褶线条流畅飘逸，有垂坠感。双手似叠加施禅定印，袖手恭立。此尊造像做工精细，容貌形态优雅娴静，衣饰繁复，体型健美壮实，为不可多得的佛教造像精品。

(四) 八部护法像

八部护法即佛教中八种护法神怪。这些护法神被称为执金刚神、金刚力士或密迹金刚，简称金刚。金刚力士是从印度神话中发展出来的神王，后来被佛教吸收成为佛的护法。在寺庙的山门处，他们身着甲胄，脸部威厉慑人、凶相忿怒，身躯勇猛雄健。

闽台缘博物馆展出的明代彩绘木雕金刚立像（见本书第62页），头束发冠，额上镶一眼。内着金色铠甲，腰束玉带，外披绘有五彩祥云纹的开衫，广袖，两侧袖口以绳缚之。双手合掌举于胸前，双脚着靴而立。造像表面以白粉作底，用红、黄、绿、黑、金彩等绘于头、脸部和衣饰等处，色泽鲜艳亮丽，面部表情威严深邃，衣褶线条纹理舒展，柔美流畅。

二、佛教造像在两岸的传承与发展

佛教造像作为佛教的具象体现，从佛教传入东土开始，在漫长的历史长河中，留存了不少精美无比的作品，为中国雕刻史增光添彩。伴随佛教在闽台两地的发展，闽台佛教造像工艺和作品也在中国佛教艺术史上留下颇多佳作。

闽台两地形形色色的佛教造像，呈现出多种不同的造型风格，从中可以看出佛教信仰在两岸发展多姿多彩的风貌。

台湾地区的佛教造像艺术源于大陆，据粗略统计，台湾约有大、小佛寺神庙3000余座，造像达万尊。由于移民社会的关系，台湾的佛寺历史都不长，大多建于清代，造像则多出于近代或现代，制作造像的工匠多来自福建和浙江。由于师承、流派及分香、请灵的关系，台湾的佛教造像造型呈现出明显的地方特色。在这些佛寺中，奉祀最普遍的是观音，奉祀观音的寺庙又以龙山寺为最。台湾最早的观音寺是鹿港龙山寺，相传建于清顺治十年（1653）。至清乾隆年间（1736—1795），又由泉州人陈邦光特邀泉州名匠设计扩建，不仅在格局规模上都仿照安海龙山寺，连建筑使用的木材、砖瓦都特地从闽南采购运至鹿港。据称，其殿内奉祀的唐代观音铜像亦是从安海龙山寺请回。台北艋舺龙山寺是台湾规模最大的龙山寺。艋舺原是晋江、南安、惠安等三地移民聚居之地，清乾隆二年（1737），泉人黄典谟捐地、三邑人捐资共同修建了艋舺龙山寺。该寺在台湾分灵众多，因而影响甚广，淡水龙山寺、汐止北峰寺、新北竹林山寺等都来此请香分灵。

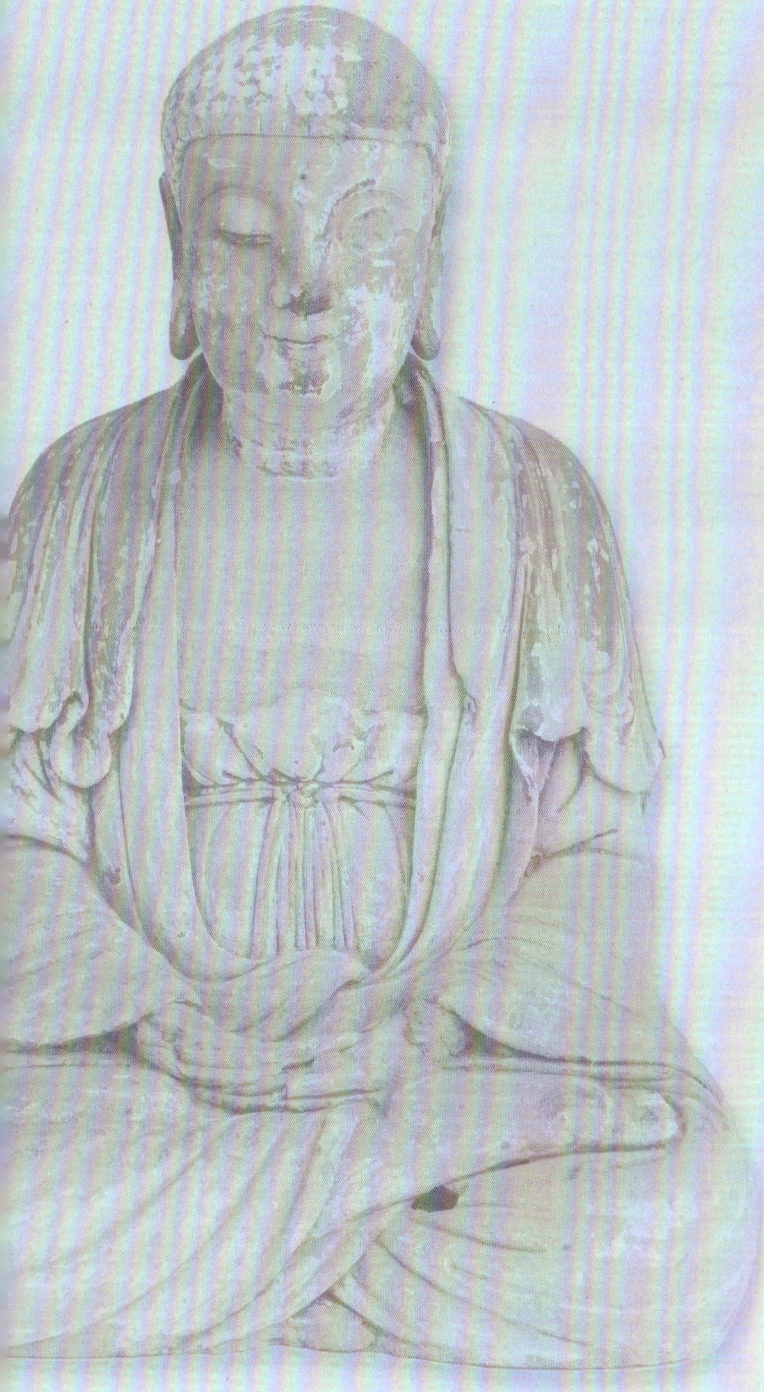

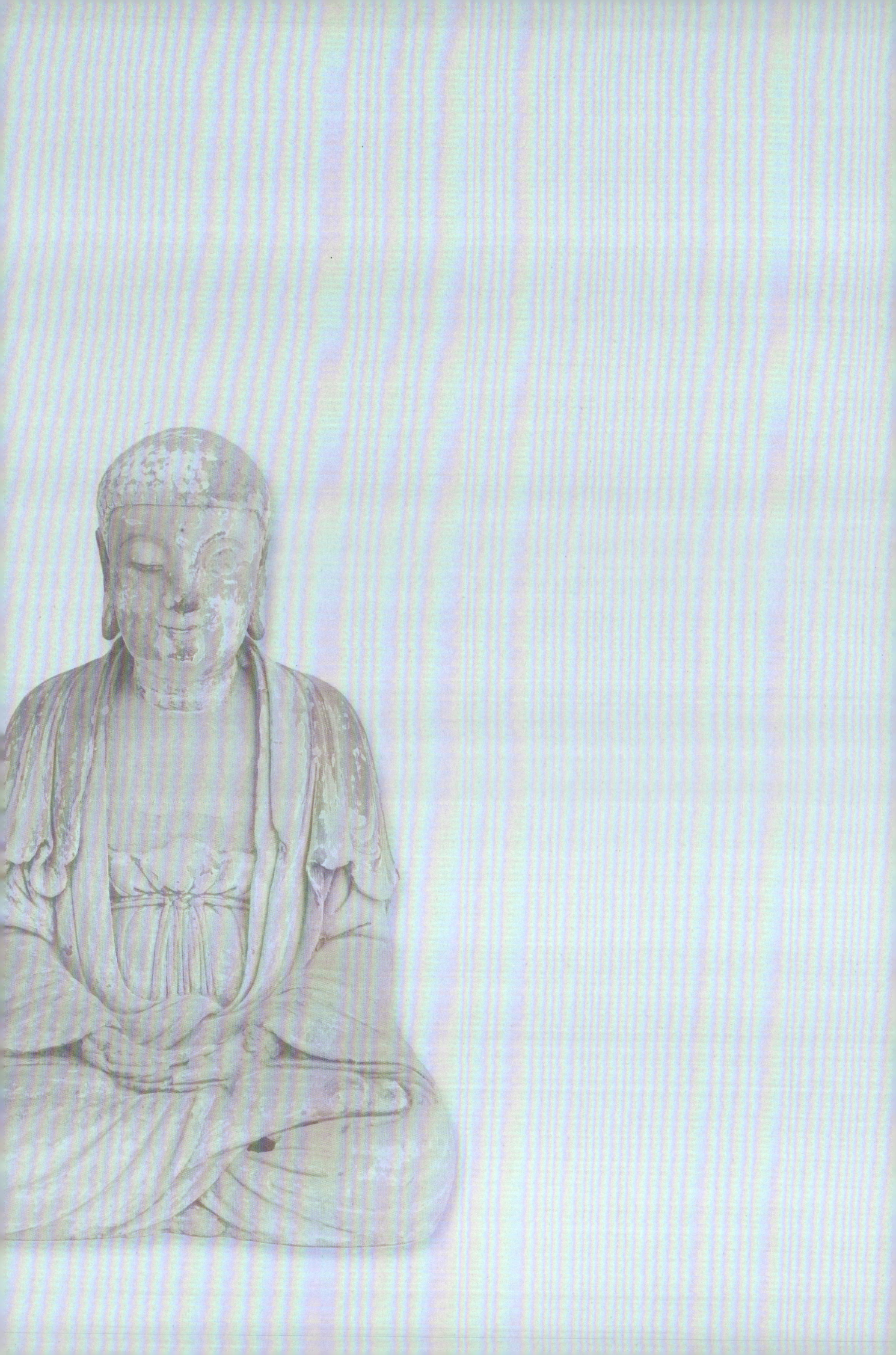

第一辑 佛教

释迦牟尼佛

明·泥塑释迦牟尼佛坐像

高35厘米,宽25厘米,厚21厘米

第一辑 佛教

019

清·铜释迦牟尼佛坐像

像高 12.4 厘米，宽 7.3 厘米，厚 5.3 厘米

座长 10.4 厘米，宽 7 厘米，高 4.7 厘米

第一辑　佛教

清·髹金木雕释迦牟尼太子立像

像高18.4厘米，宽6.5厘米，厚4厘米

座长6.3厘米，宽6.3厘米，高3厘米

第一辑 佛教

023

明·彩绘泥塑阿难立像

高 79 厘米，宽 28 厘米，厚 25 厘米

第一辑　佛教

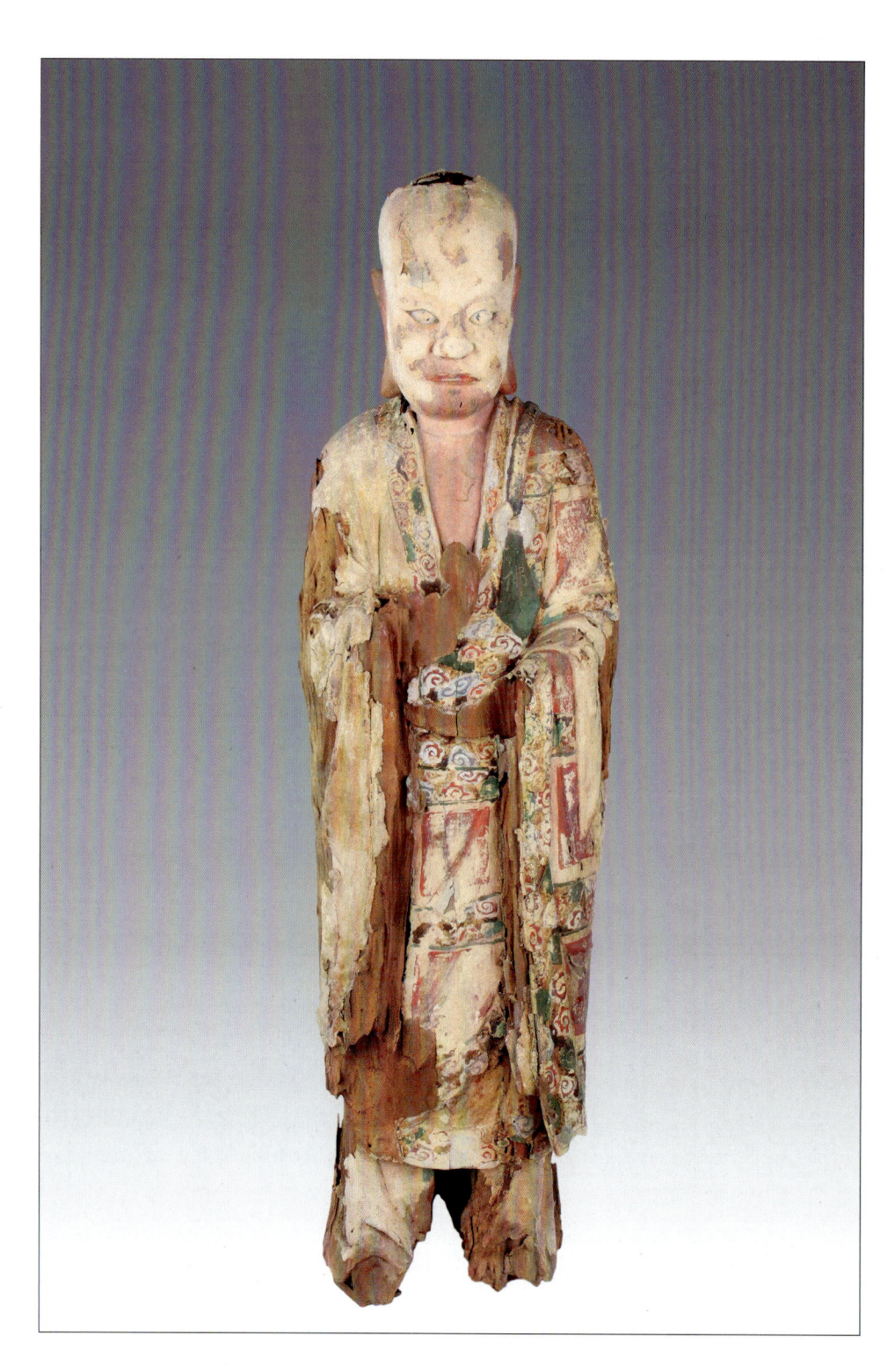

明·彩绘木雕迦叶立像

高98厘米，宽28厘米，厚23厘米

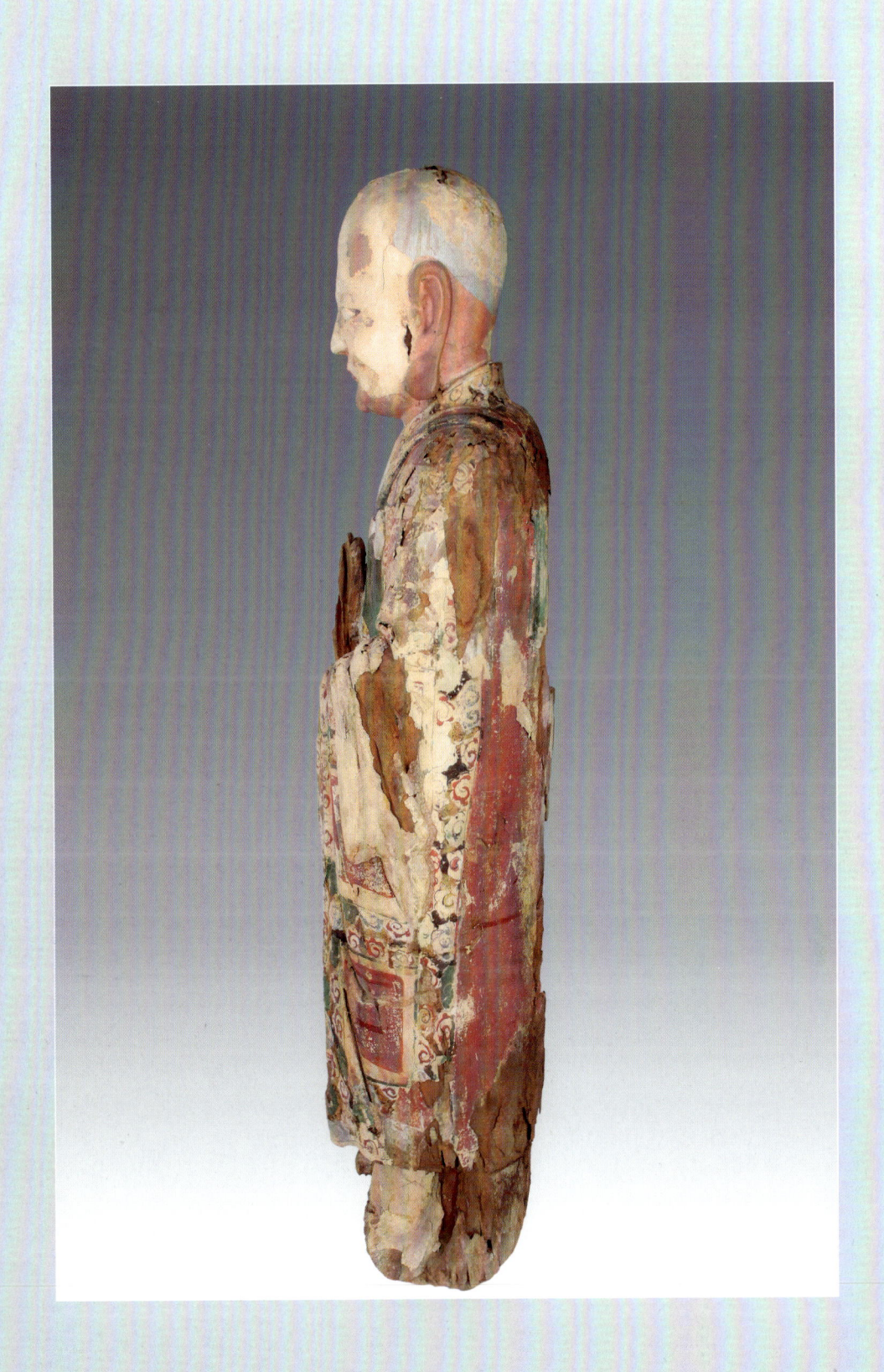

第一辑 佛教

027

弥勒佛

民国·德化窑素胎弥勒坐像

高20厘米,宽22厘米,厚16厘米

第一辑　佛教

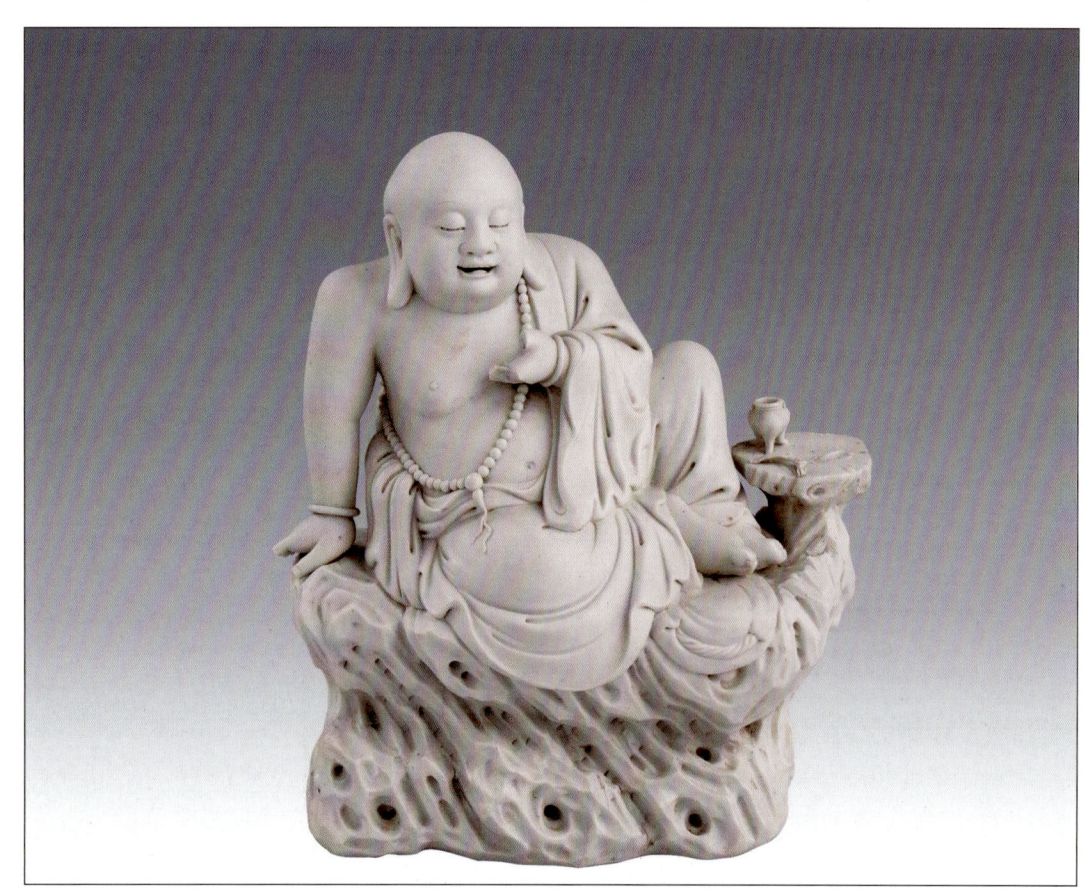

民国·德化窑"苏蕴玉制"素胎坐岩弥勒像

像高16厘米，宽19.5厘米，厚12厘米

座长22厘米，宽13厘米，高8.9厘米

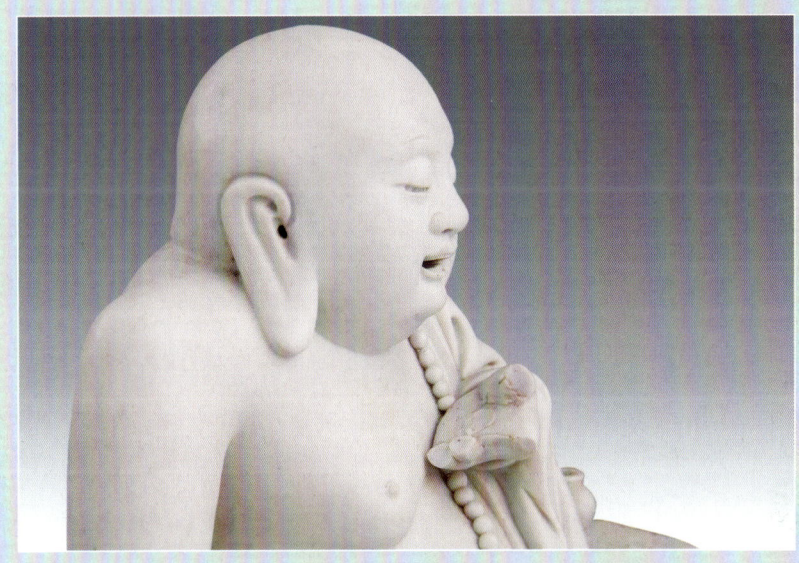

第一辑　佛教

观 音

明·铜观音坐像

像高 12.2 厘米，宽 10.5 厘米，厚 2.7 厘米

座长 11 厘米，宽 6 厘米，高 7 厘米

第一辑 佛教

明·铜观音坐像

像高16厘米，宽17厘米，厚6.2厘米

座长19.1厘米，宽8.5厘米，高8.3厘米

第一辑 佛教

035

清·铜观音坐像

高 18 厘米，宽 12.6 厘米，厚 10.5 厘米

第一辑 佛教

清·铜观音立像

像高 70 厘米，宽 22 厘米，厚 12 厘米
座长 27 厘米，宽 25 厘米，高 9 厘米

第一辑 佛教

清·铜观音坐像

像高 11.5 厘米，宽 7.6 厘米，厚 5 厘米
座长 9.3 厘米，宽 7.1 厘米，高 2.6 厘米

第一辑 佛教

清 · 白瓷观音坐像

像高 14.2 厘米，宽 16 厘米，厚 12.3 厘米

座长 14 厘米，宽 11.5 厘米，高 3.5 厘米

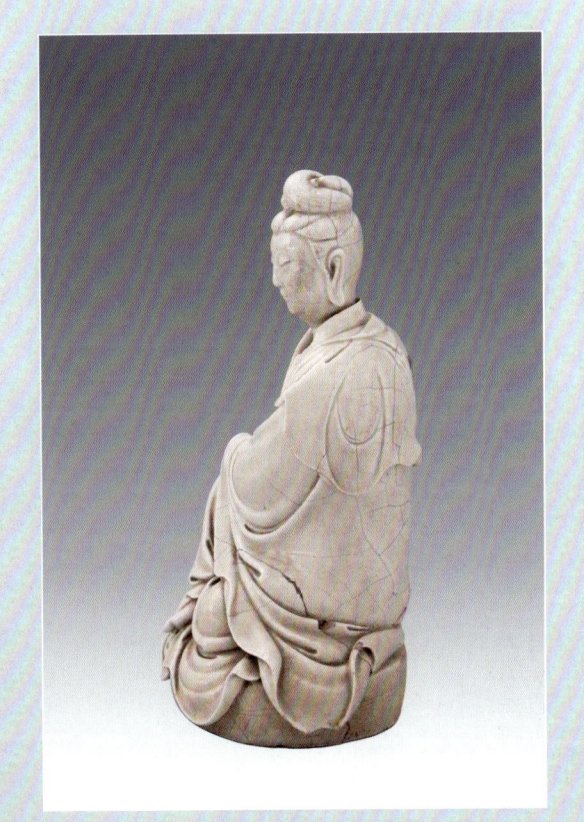

第一辑 佛教

043

清·德化窑"博及渔人"款粉彩瓷观音坐像

高33厘米，宽19厘米，厚17厘米

第一辑　佛教

045

清·木雕观音坐像

像高 15 厘米，宽 9.1 厘米，厚 7.7 厘米

座长 12 厘米，宽 9.4 厘米，高 27.5 厘米

第一辑 佛教

047

中国闽台缘博物馆馆藏宗教造像精品

清·髹金木雕持经观音像

高20厘米，宽11.3厘米，厚7.4厘米

第一辑 佛教

清·泥塑乌髻观音像

高 27 厘米，宽 20.5 厘米，厚 13 厘米

第一辑 佛教

民国·德化窑白瓷观音立像

高49厘米，宽15厘米，厚12厘米

第一辑 佛教

菩 萨

清·木雕地藏王菩萨立像

像高 31.3 厘米，宽 14.4 厘米，厚 11 厘米

座长 13.5 厘米，宽 11.5 厘米，高 10 厘米

第一辑 佛教

055

清·铜文殊菩萨坐像

像高9.8厘米,宽4.5厘米,厚2.7厘米
座长11厘米,宽6厘米,高7.3厘米

第一辑 佛教

中国闽台缘博物馆馆藏宗教造像精品

清·铜文殊菩萨坐像

像高 7.8 厘米，宽 8.1 厘米，厚 4 厘米
座长 8.4 厘米，宽 5 厘米，高 2 厘米

第一辑 佛教

清·铜普贤菩萨坐像

像高9.1厘米，宽4厘米，厚2.3厘米
座长10厘米，宽5.8厘米，高7.4厘米

第一辑　佛教

金刚及罗汉

明·彩绘木雕金刚立像

高 92.3 厘米，宽 32.6 厘米，厚 24 厘米

第一辑 佛教

063

清·木雕金刚坐像

高 42 厘米，宽 25 厘米，厚 14.5 厘米

第一辑 佛教

065

清·木雕金刚坐像

高 45 厘米，宽 25 厘米，厚 14.8 厘米

第一辑 佛教

067

清·铜罗汉坐像

高 20.3 厘米，宽 12.5 厘米，厚 4 厘米

第一辑　佛教

069

佛教祖师

清·木雕清水祖师坐像

像高 19.2 厘米，宽 13 厘米，厚 9.3 厘米

座长 14.9 厘米，宽 11.9 厘米，高 3.8 厘米

第一辑 佛教

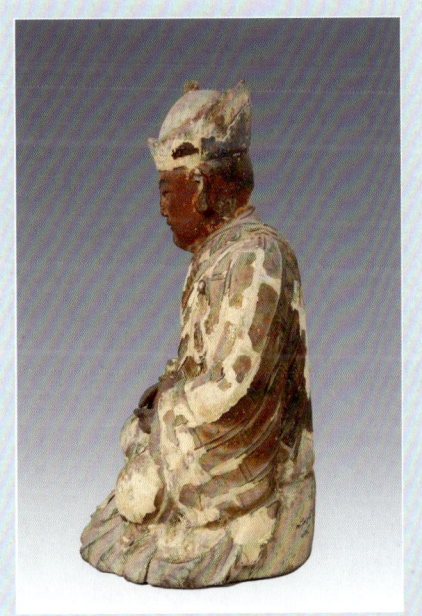

071

清·木雕清水祖师坐像

像高 14.6 厘米，宽 13 厘米，厚 8.7 厘米

座长 13.6 厘米，宽 11.8 厘米，高 5 厘米

第一辑 佛教

清·泥塑普庵祖师坐像

像高 20 厘米，宽 13.5 厘米，厚 8.5 厘米

座长 16.4 厘米，宽 8.4 厘米，高 10 厘米

第一辑 佛教

075

第二辑 道教

玄天上帝

清·木雕玄天上帝坐像

像高 18 厘米，宽 9.5 厘米，厚 5 厘米

座长 13 厘米，宽 10 厘米，高 12.4 厘米

第二辑 道教

079

清·彩绘木雕玄天上帝坐像

像高 21.3 厘米，宽 13.7 厘米，厚 10.8 厘米

座长 18.3 厘米，宽 15 厘米，高 19.7 厘米

第二辑 道教

081

清·木雕真武坐像

像高 25.8 厘米，宽 17.5 厘米，厚 12 厘米
座长 14 厘米，宽 12 厘米，高 9.4 厘米

第二辑 道教

清·木雕玄天上帝坐像

像高 22.5 厘米，宽 14 厘米，厚 9.5 厘米

龛高 44 厘米，宽 28 厘米，厚 22.5 厘米

第二辑 道教

清·彩绘木雕真武大帝坐像

像高15.4厘米，宽9.9厘米，厚7厘米

座长9厘米，宽7.8厘米，高8厘米

第二辑 道教

清 · 贴金泥塑真武大帝像

像高 15.6 厘米，宽 10.5 厘米，厚 7.2 厘米
座长 12 厘米，宽 8.8 厘米，高 8 厘米

第二辑 道教

法主公

清·彩绘木雕法主公坐像

像高 19 厘米，宽 17.5 厘米，厚 13.5 厘米

座长 17 厘米，宽 13 厘米，高 16 厘米

第二辑 道教

清·彩绘木雕法主公坐像

高32厘米，宽17厘米，厚16厘米

第二辑 道教

093

清·木雕法主公坐像

高 46.5 厘米，宽 31.3 厘米，厚 19.5 厘米

第二辑 道教

095

清·彩绘木雕法主公坐像

高 39.3 厘米，宽 25 厘米，厚 19 厘米

第二辑 道教

清 · 彩绘木雕法主公坐像

像高 32 厘米，宽 13.5 厘米，厚 9 厘米

座长 18 厘米，宽 11 厘米，高 15 厘米

第二辑 道教

099

中国闽台缘博物馆馆藏宗教造像精品

清·彩绘木雕法主公坐像

高46厘米，宽28厘米，厚23厘米

第二辑 道教

101

清·漆线雕髹金法主公像

高 16.8 厘米，宽 10.8 厘米，厚 8.3 厘米

第二辑 道教

103

文昌帝君与魁星

明·彩绘木雕文昌坐像

像高 52.5 厘米，宽 28.6 厘米，厚 25 厘米
座长 34.5 厘米，宽 30 厘米，高 39.5 厘米

第二辑 道教

清·漆线雕文昌坐像

像高 19.6 厘米，宽 12.4 厘米，厚 8.5 厘米

座长 13 厘米，宽 11.4 厘米，高 14.4 厘米

第二辑 道教

清·彩绘泥塑文昌像

高 32 厘米，宽 14 厘米，厚 11.5 厘米

第二辑 道教

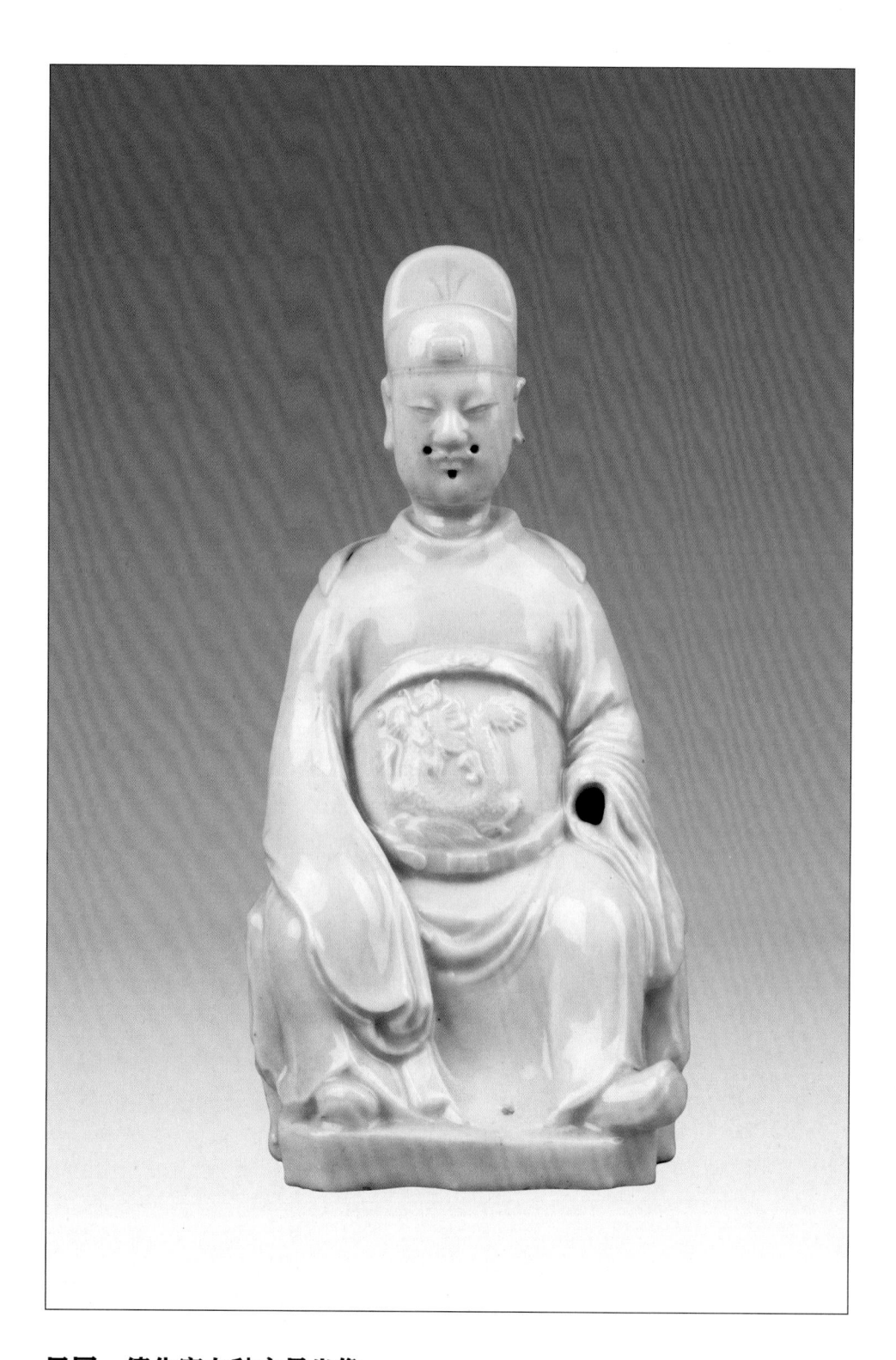

民国·德化窑白釉文昌坐像

像高23.5厘米，宽11厘米，厚10厘米

座长11厘米，宽10厘米，高6.3厘米

第二辑 道教

111

明·鎏金铜足踏龙首魁星立像

像高 18.6 厘米，宽 7 厘米，厚 3.5 厘米

座长 5.3 厘米，宽 5 厘米，高 2 厘米

第二辑 道教

113

清·铜魁星立像

残高12.5厘米，宽6厘米，厚6.5厘米

第二辑 道教

清·木雕魁星立像

像高 29 厘米，宽 12 厘米，厚 15.3 厘米
座长 12.2 厘米，宽 14.7 厘米，高 4.6 厘米

第二辑 道教

清·木雕魁星立像

像高17厘米，宽8.9厘米，厚5.9厘米

座长7.7厘米，宽7厘米，高3厘米

第二辑　道教

其他

明·木雕真人坐像

高 27 厘米，宽 14.5 厘米，厚 11.3 厘米

第二辑 道教

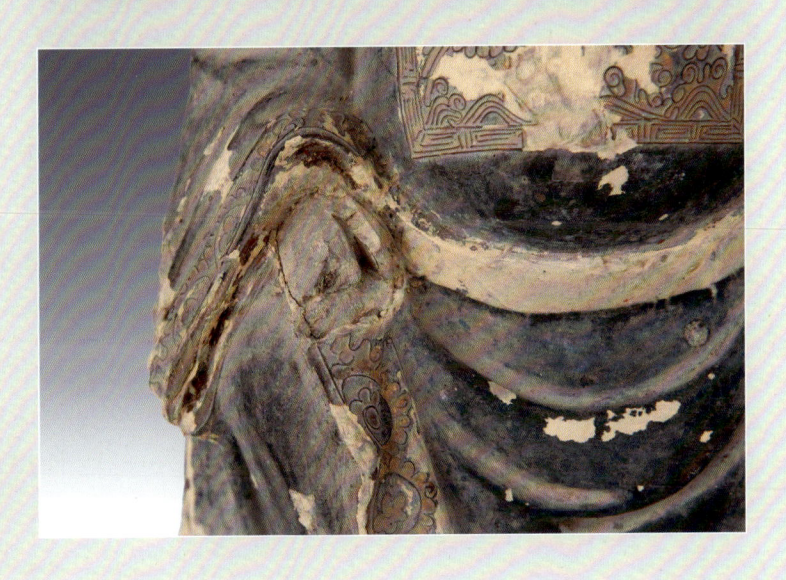

清·木雕孚佑帝君坐像

像高54厘米，宽27.5厘米，厚18厘米

座长34厘米，宽29厘米，高40厘米

第二辑 道教

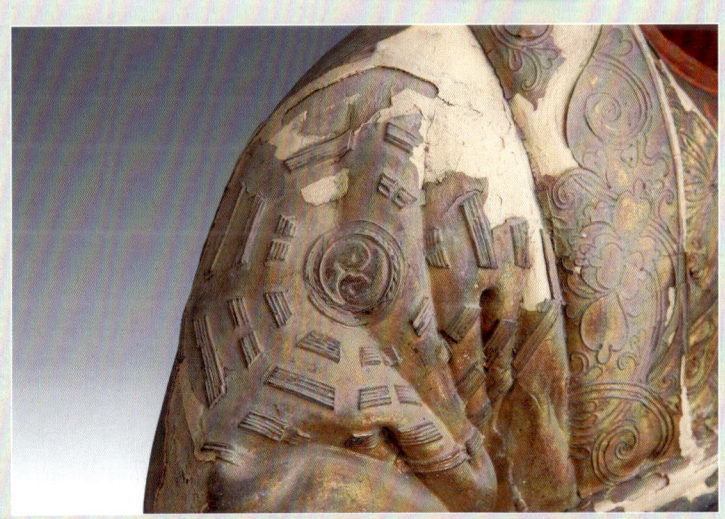

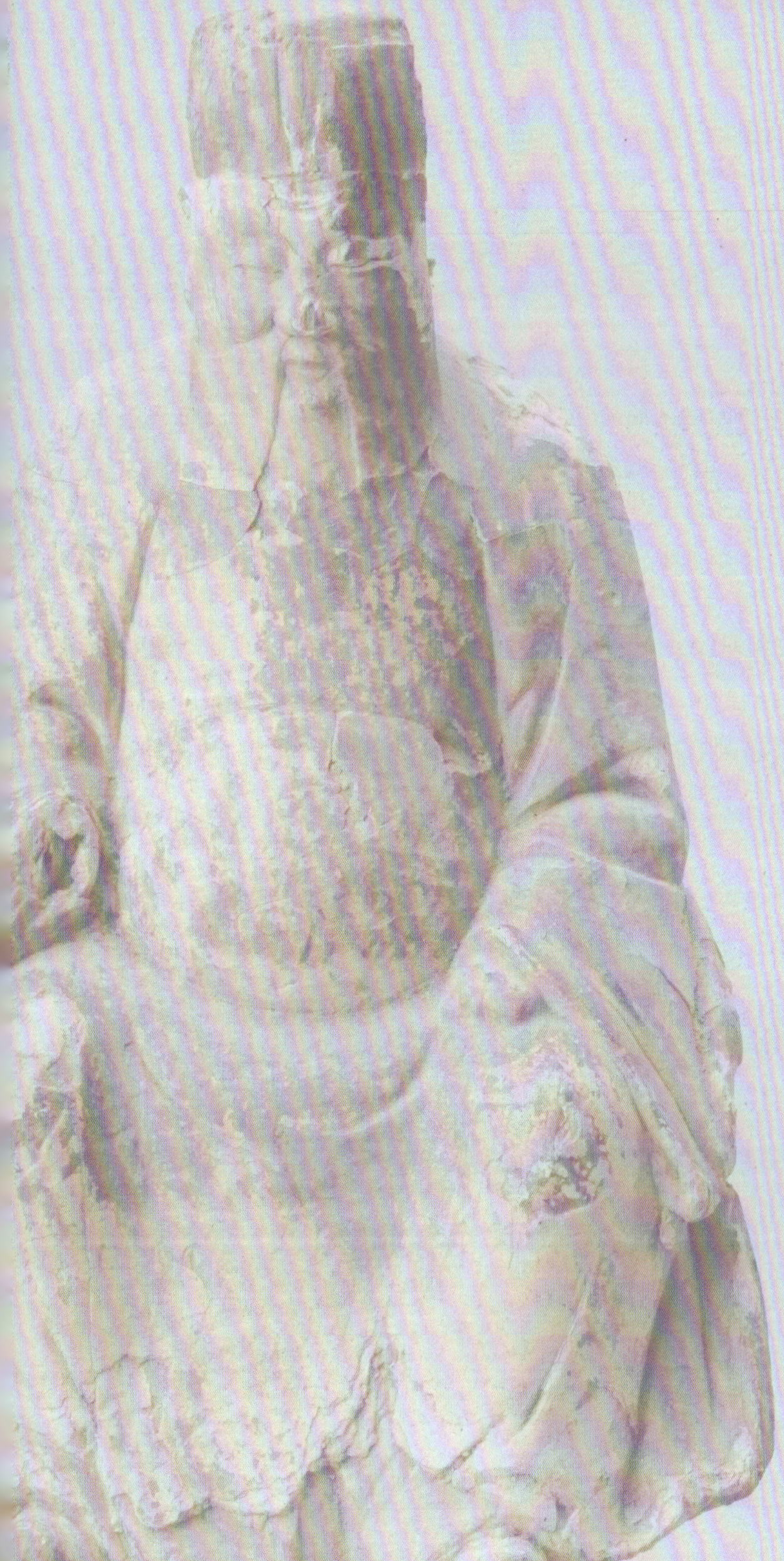

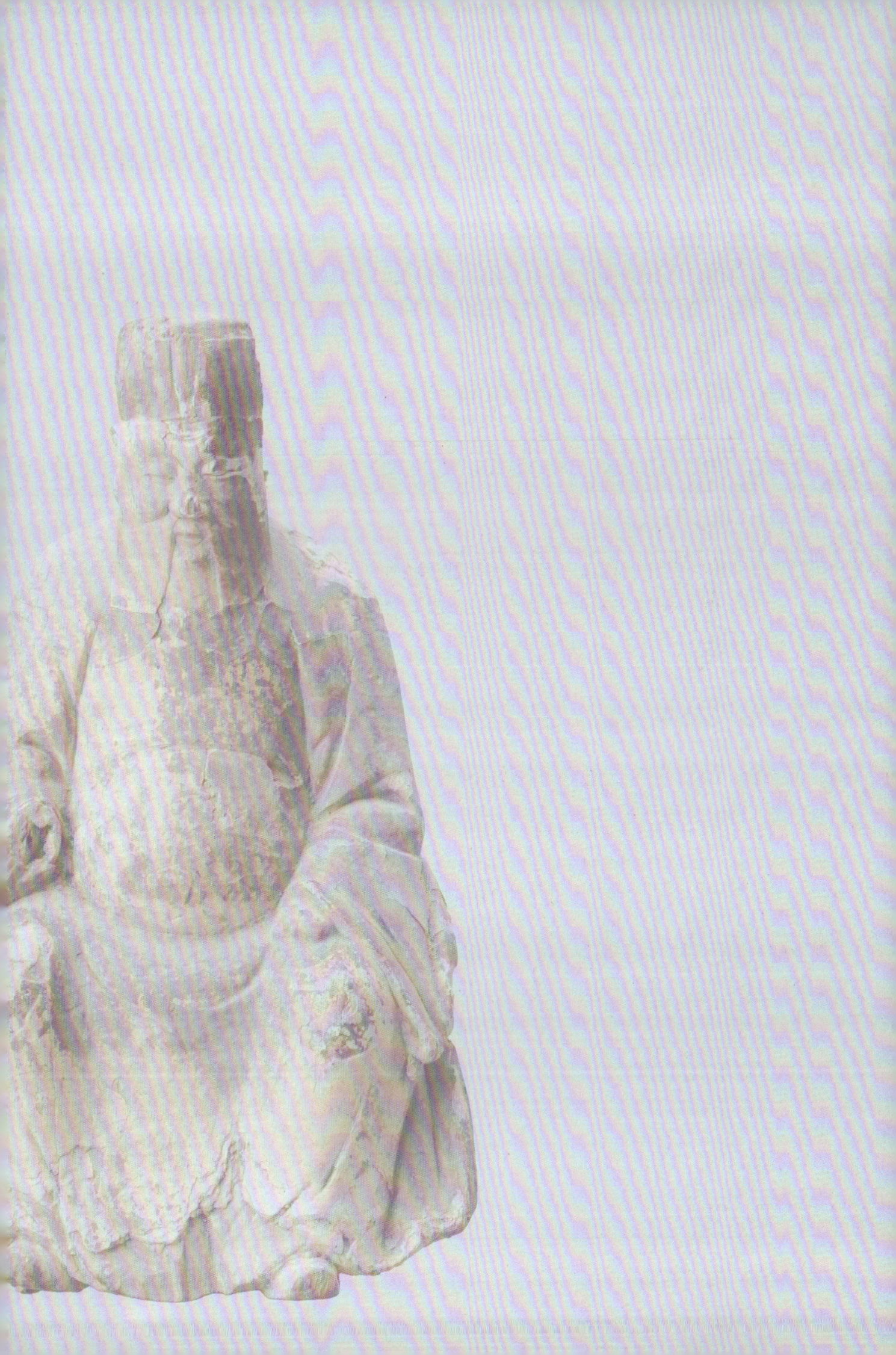

第三辑 民间信仰

土地公

明·彩绘木雕土地公坐像

高26厘米，宽17厘米，厚9.4厘米

第三辑　民间信仰

127

清·石雕土地公坐像

像高 25 厘米，宽 15.5 厘米，厚 10.8 厘米

座长 16.7 厘米，宽 11 厘米，高 8 厘米

第三辑　民间信仰

清·彩绘泥塑土地公像

像高 19.5 厘米，宽 11.5 厘米，厚 10.8 厘米

座长 13.7 厘米，宽 13.6 厘米，高 19.5 厘米

第三辑 民间信仰

清·彩绘泥塑土地公坐像

高33.5厘米，宽22厘米，10.5厘米

第三辑　民间信仰

清 · 贴金泥塑土地公坐像

像高 23 厘米，宽 18.5 厘米，厚 13.5 厘米

座长 24 厘米，宽 17.5 厘米，高 7 厘米

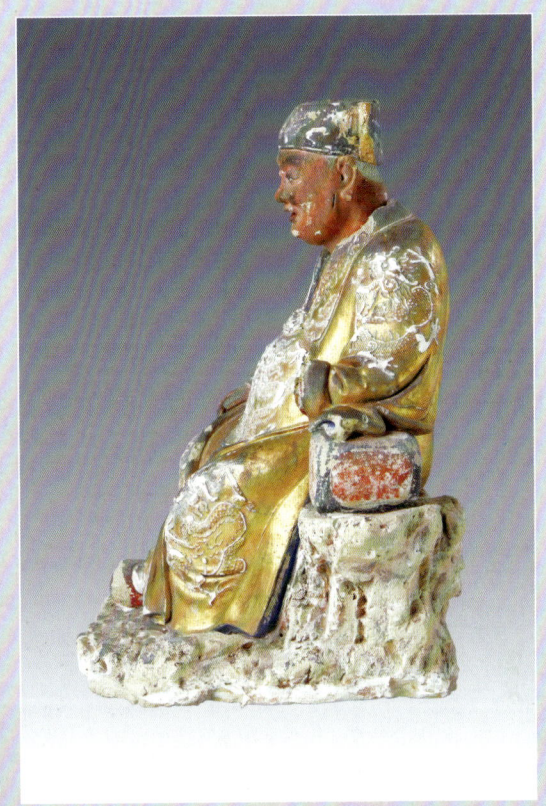

第三辑 民间信仰

清·彩绘泥塑土地公像

像高32厘米，宽20厘米，厚14厘米

座长17.4厘米，宽11.8厘米，高12.8厘米

第三辑 民间信仰

137

妈祖及从神

清·彩绘木雕妈祖坐像

高30厘米，宽19厘米，厚11.6厘米

第三辑　民间信仰

清·彩绘木雕妈祖坐像

像高 26.5 厘米，宽 18 厘米，厚 13 厘米

座长 17.6 厘米，宽 17.1 厘米，高 19.2 厘米

第三辑　民间信仰

清 · 彩绘木雕妈祖坐像

像高 28.5 厘米，宽 13.9 厘米，厚 6.5 厘米

座长 18.4 厘米，宽 16.4 厘米，高 22 厘米

第三辑 民间信仰

143

中国闽台缘博物馆馆藏宗教造像精品

清·木雕妈祖坐像

像高 15 厘米，宽 12.3 厘米，厚 7.5 厘米

座长 13.6 厘米，宽 10.8 厘米，高 12.5 厘米

第三辑　民间信仰

清·彩绘贴金木雕妈祖坐像

像高 18 厘米，宽 13.5 厘米，厚 7 厘米

座长 13.4 厘米，宽 12 厘米，高 15 厘米

第三辑 民间信仰

清 · 漆金木雕妈祖立像

像高 18.3 厘米，宽 7.7 厘米，厚 6.3 厘米

座长 9.3 厘米，宽 6.9 厘米，高 3.1 厘米

第三辑 民间信仰

149

清·木雕妈祖坐像

像高 19.8 厘米，宽 14.5 厘米，厚 10 厘米

座长 14.4 厘米，宽 10.5 厘米，高 20 厘米

第三辑 民间信仰

151

清·彩绘漆金木雕妈祖坐像

像高28.4厘米，宽15.5厘米，厚8.8厘米

座长16厘米，宽13.8厘米，高27厘米

第三辑 民间信仰

民国·彩绘漆金木雕妈祖坐像

像高 15.7 厘米，宽 8.7 厘米，厚 6.5 厘米
座长 9.5 厘米，宽 8.6 厘米，高 11.4 厘米

第三辑 民间信仰

155

清·木雕顺风耳立像

像高 15 厘米，宽 5 厘米，厚 3 厘米

座长 6.5 厘米，宽 5 厘米，高 2 厘米

第三辑　民间信仰

清·彩绘漆金木雕顺风耳立像

像高 18.9 厘米，宽 10 厘米，厚 8.7 厘米

座长 10.5 厘米，宽 8.5 厘米，高 3.6 厘米

第三辑　民间信仰

159

清·木雕顺风耳立像

像高 14.5 厘米，宽 7.3 厘米，厚 6 厘米

座长 6.2 厘米，宽 5 厘米，高 1.7 厘米

第三辑 民间信仰

清·木雕千里眼立像

像高14厘米，宽7厘米，厚4厘米
座长6.7厘米，宽4.7厘米，高2厘米

第三辑 民间信仰

163

清·彩绘漆金木雕千里眼立像

像高 17.5 厘米，宽 10.2 厘米，厚 7 厘米

座长 10.5 厘米，宽 8.7 厘米，高 3.7 厘米

第三辑　民间信仰

165

清·彩绘木雕千里眼立像

像高 14.5 厘米，宽 7.5 厘米，厚 6 厘米
座长 8 厘米，宽 7.4 厘米，高 2.2 厘米

第三辑　民间信仰

167

清·木雕女乐神立像

像高14厘米，宽6.8厘米，厚3.3厘米

座长7厘米，宽6厘米，高3厘米

第三辑 民间信仰

中国闽台缘博物馆馆藏宗教造像精品

关公及从神

明·彩绘木雕关公坐像

高12.5厘米，宽7.5厘米，厚4.6厘米

第三辑 民间信仰

清·铜关公立像

高34.5厘米，宽12.5厘米，厚10.5厘米

第三辑　民间信仰

中国闽台缘博物馆馆藏宗教造像精品

清·彩绘木雕关公坐像

像高 37.3 厘米，宽 21.2 厘米，厚 12.4 厘米

座长 22 厘米，宽 16.5 厘米，高 16 厘米

第三辑　民间信仰

175

清·彩绘泥塑关公像

像高 10.4 厘米，宽 7 厘米，厚 5 厘米
座长 6.8 厘米，宽 4.8 厘米，高 4.8 厘米

第三辑　民间信仰

中国闽台缘博物馆馆藏宗教造像精品

清 · 木雕关公坐像

像高 17.3 厘米，宽 10.5 厘米，厚 7 厘米
座长 10 厘米，宽 8.5 厘米，高 12.7 厘米

第三辑 民间信仰

中国闽台缘博物馆馆藏宗教造像精品

清·泥塑关帝坐像

高30厘米，宽20厘米，厚13厘米

第三辑　民间信仰

民国·德化窑白瓷关公立像

高25厘米,宽9.4厘米,厚7.1厘米

第三辑　民间信仰

183

清·铜周仓立像

像高 43 厘米，宽 16.5 厘米，厚 14 厘米
座长 15 厘米，宽 12 厘米，高 4.6 厘米

第三辑　民间信仰

清·彩绘木雕周仓立像

像高 27 厘米，宽 12 厘米，厚 9.5 厘米

座长 11 厘米，宽 9.5 厘米，高 3.2 厘米

第三辑　民间信仰

清·铜关平立像

像高 43.7 厘米，宽 38 厘米，厚 22 厘米

座长 15 厘米，宽 12.5 厘米，高 4.6 厘米

第三辑　民间信仰

189

清·彩绘木雕关平立像

像高 28.4 厘米，宽 10.2 厘米，厚 6.5 厘米

座长 11 厘米，底宽 9.8 厘米，高 3 厘米

第三辑　民间信仰

191

清·彩绘木雕关平立像

像高 26.6 厘米，宽 10.6 厘米，厚 11.4 厘米
座长 10 厘米，宽 11.6 厘米，高 5 厘米

第三辑 民间信仰

中国闽台缘博物馆馆藏宗教造像精品

广泽尊王

清·贴金泥塑广泽尊王坐像

像高 31.5 厘米，宽 16.5 厘米，厚 8 厘米
座长 19 厘米，宽 17 厘米，高 27.5 厘米

第三辑 民间信仰

清·德化窑白瓷郭圣王坐像

像高 15.5 厘米，宽 7.8 厘米，厚 4.5 厘米

座长 8 厘米，宽 5.7 厘米，高 5 厘米

第三辑　民间信仰

197

清·木雕郭圣王坐像

高 21.8 厘米，宽 13.9 厘米，厚 5.9 厘米

第三辑 民间信仰

199

清·彩绘木雕郭圣王坐像

高 24.3 厘米，宽 12.5 厘米，厚 6.3 厘米

第三辑　民间信仰

201

中国闽台缘博物馆馆藏宗教造像精品

清·木雕郭圣王坐像

像高 13.2 厘米，宽 8 厘米，厚 5.2 厘米

座长 9.7 厘米，宽 8.6 厘米，高 12.7 厘米

第三辑　民间信仰

清·彩绘漆线雕广泽尊王坐像

高10厘米,宽6.6厘米,厚4.2厘米

第三辑　民间信仰

清·木雕广泽尊王坐像

像高 13 厘米，宽 10.5 厘米，厚 8.2 厘米
座长 10.9 厘米，宽 8.1 厘米，高 6.1 厘米

第三辑　民间信仰

清 · 彩绘木雕广泽尊王坐像

像高 9.2 厘米，宽 6 厘米，厚 5.1 厘米
座长 6 厘米，宽 5 厘米，高 4 厘米

第三辑 民间信仰

清 · 贴金泥塑广泽尊王侍从立像

像残高 25.5 厘米，宽 12 厘米，厚 9.3 厘米

座长 9.8 厘米，宽 9.5 厘米，高 2 厘米

第三辑 民间信仰

211

清·贴金泥塑广泽尊王侍从立像

像残高 24 厘米，宽 12 厘米，厚 11 厘米

座长 10.8 厘米，宽 9.5 厘米，高 2 厘米

第三辑　民间信仰

213

临水夫人

明·彩绘木雕临水夫人坐像

高 15.5 厘米，宽 8 厘米，厚 6.1 厘米

第三辑　民间信仰

215

清·彩绘木雕临水夫人坐像

高 28 厘米，宽 16 厘米，厚 10.9 厘米

第三辑 民间信仰

217

清·金漆木雕临水夫人立像

高25厘米，宽9厘米，厚6.8厘米

第三辑　民间信仰

民国·木雕临水夫人坐像

像高 14.2 厘米，宽 7 厘米，厚 5.6 厘米

座长 10.6 厘米，宽 7 厘米，高 6.9 厘米

第三辑 民间信仰

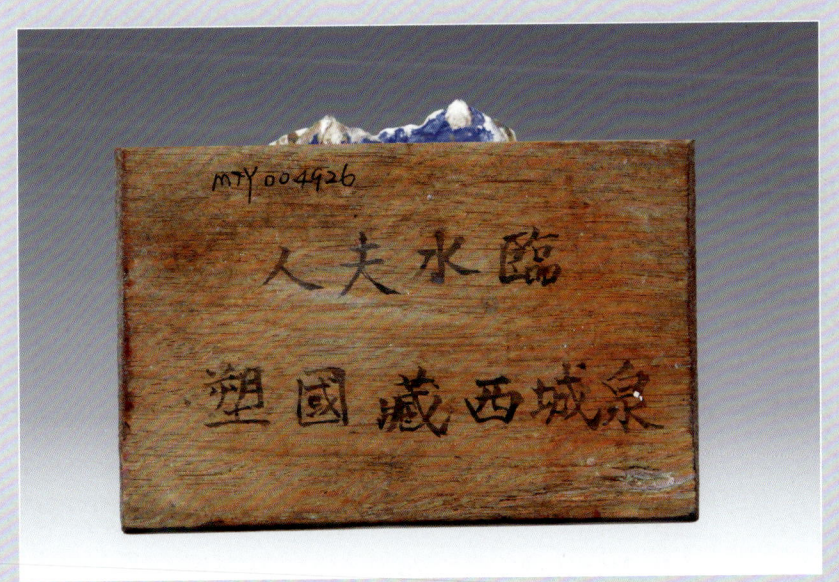

临水夫人
泉城西藏国塑

王 爷

清 · 彩绘漆金木雕王爷立像

像高 17.2 厘米，宽 7.4 厘米，厚 6.6 厘米

座长 7.5 厘米，宽 7 厘米，高 3.4 厘米

第三辑 民间信仰

中国闽台缘博物馆馆藏宗教造像精品

清·木雕王爷坐像

高 29.3 厘米，宽 24.7 厘米，厚 14.5 厘米

第三辑　民间信仰

清·木雕王爷坐像

高 55 厘米，宽 28 厘米，厚 17.1 厘米

第三辑 民间信仰

227

清·木雕王爷坐像

像高 23 厘米，宽 12.5 厘米，厚 13 厘米

座长 14.6 厘米，宽 14 厘米，高 22 厘米

第三辑 民间信仰

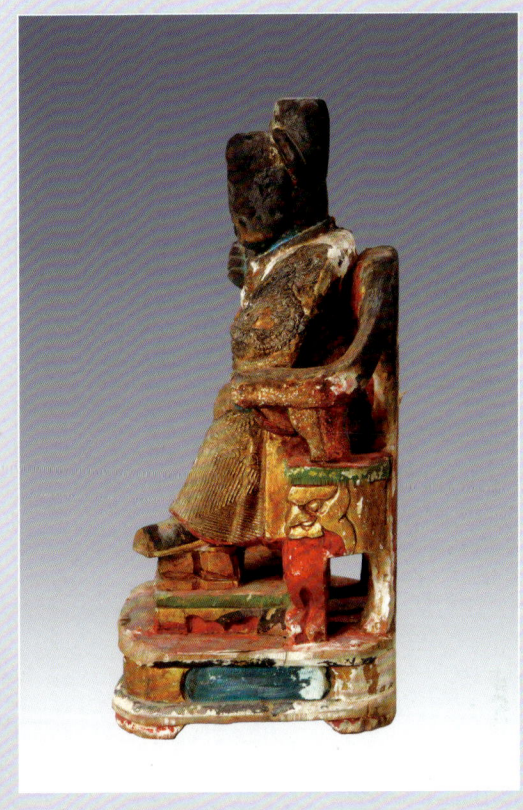

清·木雕王爷坐像

像高 18.9 厘米，宽 9 厘米，厚 7.5 厘米

座长 8.4 厘米，宽 8.4 厘米，高 3 厘米

第三辑 民间信仰

清·木雕王爷坐像

像高 36.5 厘米，宽 24.2 厘米，厚 10.6 厘米

座长 33.3 厘米，宽 34 厘米，高 36 厘米

第三辑 民间信仰

清·彩绘木雕王爷坐像

像高 20 厘米，宽 12.3 厘米，厚 11.5 厘米
座长 12.2 厘米，宽 11.4 厘米，高 11 厘米

第三辑 民间信仰

235

清·彩绘漆线雕王爷坐像

像高 17 厘米，宽 11.5 厘米，厚 10 厘米

座长 12 厘米，宽 11 厘米，高 16 厘米

第三辑 民间信仰

中国闽台缘博物馆馆藏宗教造像精品

清·髹金漆线雕王爷坐像

像高 14 厘米，宽 9.3 厘米，厚 7.6 厘米

座长 10.5 厘米，宽 8.3 厘米，高 11 厘米

第三辑　民间信仰

239

清·彩绘木雕王爷坐像

像高 21.9 厘米，宽 13 厘米，厚 7.5 厘米

座长 13.9 厘米，宽 11.6 厘米，高 17.9 厘米

第三辑 民间信仰

清·漆线雕王爷坐像

像高 17.2 厘米，宽 10.9 厘米，厚 7.7 厘米

座长 12.5 厘米，宽 11 厘米，高 15 厘米

第三辑 民间信仰

清·木雕王爷坐像

高 35.5 厘米，宽 22 厘米，厚 13 厘米

第三辑　民间信仰

245

清·木雕三王府王爷坐像

像高 26.8 厘米，宽 15 厘米，厚 14 厘米

座长 29 厘米，宽 23 厘米，高 25 厘米

第三辑 民间信仰

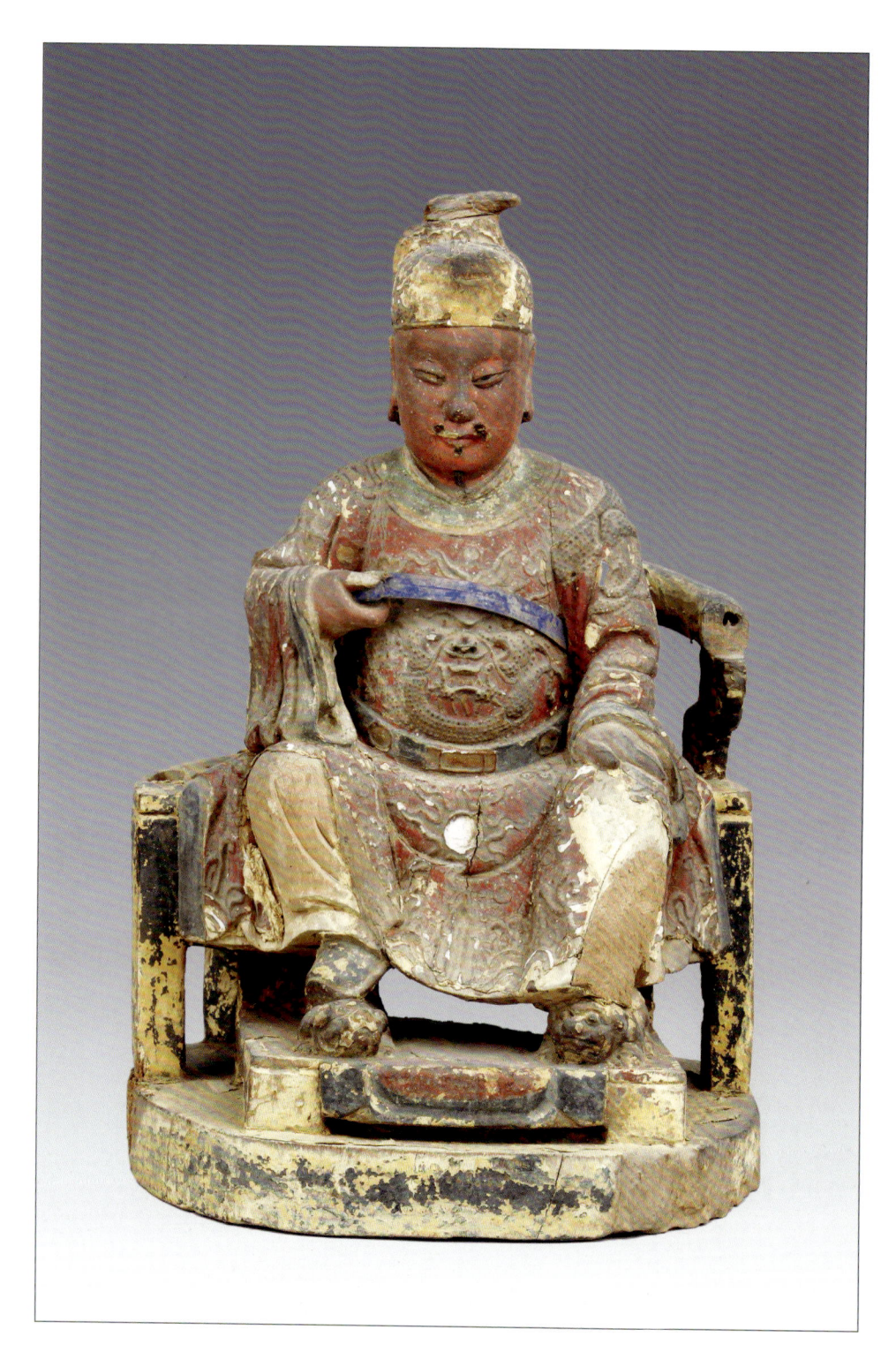

清·木雕三王府王爷坐像

像高 29.3 厘米，宽 17.2 厘米，厚 10.5 厘米

座长 24.4 厘米，宽 19.5 厘米，高 22 厘米

第三辑 民间信仰

清·木雕三王府王爷坐像

像高28厘米，宽16厘米，厚9.5厘米

座长25.3厘米，宽21.7厘米，高24.2厘米

第三辑 民间信仰

民国·髹金漆线雕王爷坐像

高 23.5 厘米，宽 14 厘米，厚 11.5 厘米

第三辑　民间信仰

民国·木雕彩绘王爷坐像

高45厘米，宽24.5厘米，厚18.5厘米

第三辑 民间信仰

255

郑成功

清·彩绘漆金木雕郑成功坐像

高33厘米，宽20厘米，厚12.5厘米

第三辑 民间信仰

清·彩绘髹金漆线泥塑郑成功像

像高 76 厘米，宽 43 厘米，厚 43 厘米

座长 51.5 厘米，宽 51 厘米，高 12 厘米

第三辑　民间信仰

259

行业神

清·彩绘木雕保生大帝坐像

像高 31 厘米，宽 19.2 厘米，厚 13 厘米

座长 17.5 厘米，宽 11.6 厘米，高 12.5 厘米

第二辑　民间信仰

清·金漆线雕保生大帝坐像

像高 8 厘米，宽 9.2 厘米，厚 6.5 厘米

座长 13.7 厘米，宽 13 厘米，高 18.5 厘米

第三辑 民间信仰

清·木雕田公戏神立像

像高 26.3 厘米，宽 9.2 厘米，厚 7 厘米
从像高 12.1 厘米，宽 6 厘米，厚 2.5 厘米
座长 11.7 厘米，宽 10 厘米，高 4.8 厘米

第三辑 民间信仰

265

清·木雕田都元帅立像

像高 7.9 厘米，宽 9 厘米，厚 8.3 厘米

座长 8.7 厘米，宽 8.4 厘米，高 4.4 厘米

第三辑　民间信仰

清·木雕田都元帅坐像

像高 8.3 厘米，宽 10 厘米，厚 6 厘米

座长 10.7 厘米，宽 9 厘米，高 13 厘米

第三辑 民间信仰

清·漆线雕田都元帅坐像

像高 10.5 厘米，宽 7 厘米，厚 4.7 厘米

座长 9 厘米，宽 8.9 厘米，高 11.6 厘米

第三辑　民间信仰

271

清·彩绘木雕财神立像

像高 22.3 厘米，宽 8.4 厘米，厚 5.7 厘米

座长 7.2 厘米，宽 5.9 厘米，高 3.7 厘米

第三辑　民间信仰

273

民国·彩绘漆金木雕神农大帝坐像

高30厘米，宽15厘米，厚9.4厘米

第三辑 民间信仰

275

其他

明·彩绘木雕龙女立像

高 95 厘米，宽 29 厘米，厚 21 厘米

第三辑 民间信仰

清·彩绘木雕天庭李星君坐像

像高 12.2 厘米，宽 7.8 厘米，厚 4.1 厘米

座长 11 厘米，宽 10 厘米，高 15.4 厘米

第三辑　民间信仰

279

清·木雕天庭李星君坐像

像高 15 厘米，宽 8.1 厘米，厚 5.5 厘米

座长 9.2 厘米，宽 9 厘米，高 11.2 厘米

第三辑　民间信仰

清·彩绘木雕哪吒立像

像高 39.5 厘米，宽 20 厘米，厚 12.5 厘米

座长 17 厘米，宽 16.5 厘米，高 4 厘米

第三辑　民间信仰

清·木雕三太子立像

像高 16.5 厘米，宽 7.8 厘米，厚 6.2 厘米

座长 7.9 厘米，宽 7.2 厘米，高 1.8 厘米

第三辑　民间信仰

285

清·彩绘木雕二郎神坐像

像高 33 厘米，宽 19 厘米，厚 9.5 厘米

座长 19 厘米，宽 13 厘米，高 23.5 厘米

第三辑 民间信仰

287

清 · 木雕城隍坐像

像高 32.5 厘米，宽 19.3 厘米，厚 11.2 厘米

踏座长 20.5 厘米，宽 9.3 厘米，高 5.5 厘米

第三辑　民间信仰

清·彩绘漆线雕齐天大圣坐像

像高16.5厘米，宽8.5厘米，厚7.7厘米

座长11厘米，宽9.5厘米，高11.2厘米

第三辑　民间信仰

清·木雕灶神坐像

像高 15.3 厘米，宽 9 厘米，厚 6 厘米

座长 9 厘米，宽 8.2 厘米，高 5.6 厘米

第三辑　民间信仰

民国·木雕济公坐像

像高 30 厘米，宽 18.7 厘米，厚 14 厘米

座长 18.5 厘米，宽 16 厘米，高 26 厘米

第三辑　民间信仰

民国·白釉寿星坐像

像高 60.3 厘米，宽 43.5 厘米，厚 21.3 厘米
座长 18 厘米，宽 14 厘米，高 21 厘米

第三辑 民间信仰